weichert
bücher

ALBERTA ROMMEL

Es begann im Alpen-Express

A. WEICHERT VERLAG
HANNOVER

ISBN 3-483-0**1293**-1
Einbandbild und Textzeichnungen: Walter Rieck

Druck und Einband: Richard Dohse & Sohn, Bielefeld

INHALTSVERZEICHNIS

Die Frau mit dem grünen Hut

„Also eins kann ich dir sagen, Markus Aurelius: Wenn du mit mir reist, dann kannst du auch was erleben", sagte Corinna.

„Nebel und Regenwetter, wie?" Ihr Bruder Mark spähte mißmutig aus dem Fenster. Der Zug ratterte durch eine grau verhangene Landschaft. Außer den beiden Geschwistern war niemand in dem D-Zugabteil, das kalt und trübselig wirkte.

„Ich sage dir, wir werden auf dieser Fahrt noch tolle Dinge erleben ..."

„Wirklich? In Italien wird es genauso regnen wie hier."

„In Italien regnet es nie", behauptete Corinna. „Da ist der Himmel immer blitzblau. Und das Meer auch. Und die Sonne scheint goldgelb auf schimmernde Marmorpaläste ..."

So war sie nun einmal: Ein klein bißchen verrückt. Man mußte sie nehmen, wie sie war. Aber merkwürdigerweise fühlte sich Mark trotz allem doch stets viel mehr zu Corinna hingezogen als zu Sabina, seiner jüngeren Schwester. Sabina konnte mit ihren vierzehn

Jahren schon so ganz „junge Dame" sein. Corinna lag jede Verstellung meilenfern; Sabinas Fähigkeiten, immer das beste Teil für sich zu erwischen, ging ihr ab. Obwohl sie schon siebzehn war, wirkte sie bisweilen noch so kindlich, daß der um zwei Jahre jüngere Mark sich oft weit älter vorkam als sie.

Jetzt wandte sie das Gesicht zu ihm. „Ach du, ich freu mich! Wenn ich daran denke, daß wir schon heute abend diese Paläste sehen können . . ." Corinna unterbrach sich. „Aber ich glaube, jetzt sind wir gleich in Innsbruck. Übrigens – es hellt sich auf . . ."

„Zum Wolkenbruch, ja", meinte Mark.

Der Zug fuhr langsamer. Corinna holte ihr Handköfferchen aus dem Gepäcknetz und band den großen Beutel aus weichem, dunkelrotem Leder zu, dessen Tragriemen sie über die Schulter nahm. Der Koffer hieß „Ledermann" und der Beutel „Konstantin", da er angeblich aus der Türkei stammte. Corinna pflegte allen Besitztümern, die ihr wichtig waren, Namen zu geben. Konstantin barg außer der kleinen Blockflöte Amaryllis auch noch den Reiseproviant, der allerdings seit heute früh schon beträchtlich zusammengeschmolzen war.

Mark fühlte nach, ob ihm die Kamera auch ordnungsgemäß über dem Magen baumele, und ergriff den dicken Wandersack, der sein einziges Gepäckstück bildete.

Als sie aber gleich darauf unter der Vorhalle des Bahnhofs standen, sank ihnen der Mut. Mark behielt recht, die Aufhellung war ein bloßer Trug gewesen; es goß in Strömen.

Ein Weilchen standen die Geschwister unschlüssig. Dann knöpfte Corinna ihren Mantel zu. „Ach, wir marschieren einfach los. Anderthalb Stunden! Was sollten wir denn sonst anfangen?"

Sie platschten durch die riesigen Pfützen. Der Regen stürzte auf sie nieder. Im Nu waren sie tropfnaß. Schon liefen ihnen kleine Bäche über die Nasen und Wangen, und zwischen den Schulterblättern schien Kühle die Rücken hinabzurieseln. An der nächsten Straßenecke blieb Corinna stehen: „Wir gehen zum Bahnhof zurück, und da trinken wir etwas Warmes. Das hier ist wirklich kein Vergnügen."

„Ausnahmsweise mal eine vernünftige Idee", brummte Mark erleichtert. Dann machten sie einmütig kehrt. Aufatmend standen sie kurze Zeit später vor der Tür, über der ‚Bahnhofsrestauration' geschrieben stand.

„Hast du überhaupt noch Geld, Mark?"

„Ich? Du hast doch die zwanzig Mark, die dir Vater beim Abschied gegeben hat."

„Unsinn. Die sind schön brav in meiner Flötensparkasse zurückgeblieben. Damit ich nicht erst in Versuchung komme, sie auszugeben. Ich spare eisern auf eine Baßblockflöte, wie du weißt."

Mark schnalzte mit der Zunge. „Dann sind wir allerdings nicht gerade üppig mit Reisegeld versehen."

„Brauchen wir ja auch nicht. Wieviel hast du noch?"

„Zwei Mark achtzig."

„Na also." Corinna stieß die Tür des Restaurants auf. „Für zwei Tassen Kakao reicht das gerade."

In dem großen Raum schienen fast alle Tische besetzt zu sein. Die Geschwister steuerten auf eine Ecke zu, dort saß nur eine einzelne Dame an einem Tisch. Sie trug einen grünen Hut, unter dem hervor musterten ihre hellen, gelblichen Augen die Geschwister rasch und aufmerksam.

Corinna bestellte bei dem herbeieilenden Kellner zwei Tassen Schokolade. Mark beobachtete währenddessen die Frau. Das Auffälligste an ihrem Gesicht war eine ungewöhnlich lange und spitze Nase. Sie blickte jetzt vor sich hin und trommelte mit ihren knochigen Fingern ungeduldig auf den Tisch. Von Zeit zu Zeit aber warf sie einen raschen Blick auf ihre Umgebung oder auch über ihre Schulter nach rückwärts, als ob sie jemanden erwarte oder gar vor irgend etwas Angst hätte, dachte Mark.

Der Kakao kam. „Du – meine Lebensgeister heben sich merklich", vertraute Corinna ihrem Bruder an, während sie die Tasse zum Mund hob.

Dann bemerkte sie, daß Mark unter dem Tisch sein Geld zählte.

„Stimmt. Zwei Mark achtzig genau", murmelte er.

„Mach dir bloß keine Sorgen", tröstete ihn Corinna. „Deinen Anteil gebe ich dir später wieder, und in Italien können wir sowieso kein deutsches Geld verwenden."

„Hoffentlich erwischen wir auch Altweilers noch in Ravenna", murmelte Mark vor sich hin, brach aber dann ab, da er merkte, daß die Dame mit dem grünen Hut ihn plötzlich mit eindringlicher Aufmerksamkeit ansah.

„Aber natürlich erwischen wir sie, das ist ganz klar", antwortete Corinna. „Sie wollten ja mindestens acht Tage dort bleiben."

„Und du bist ganz sicher, daß sie zwei Zelte mithaben?" Mark sprach leise und ließ den Blick nicht von ihrer Tischnachbarin, die jetzt aber wieder gleichgültig in ihre Kaffeetasse blickte.

„Ganz sicher. Du weißt doch, daß Onkel Paul immer auch das kleine Wanderzelt mitschleppt." Corinna trank mit einem Zug ihre Tasse leer. „Schade. Schmeckt nach mehr", stellte sie fest, als sie sie niedersetzte.

„Aber nehmen S' doch ein Stückerl Kuchen! Der ist hier wirklich gut", mischte sich da auf einmal die Frau mit dem grünen Hut in ihr Gespräch.

Corinna lachte sie an. „Das glaub ich wohl. Aber wir haben leider kein Geld mehr."

„Oh – ich lade Sie ein, das ist doch ganz selbstverständlich."

Beide Geschwister starrten die Fremde verblüfft an. Die gelblichen Augen glitzerten freundlich. „Das ist doch nur natürlich, daß zwei so junge Leut Hunger haben. Und noch natürlicher ist's, wenn dann ein alter Mensch . . ." Die Fremde brach unerwartet ab und warf wieder einen unruhigen Blick über die Schulter zurück, ehe sie vollendete „. . . da ein bisserl nachhilft, oder net?"

„Nein – aber das geht doch nicht", sagte Corinna verwirrt.

Aber die Frau lächelte nur und winkte dem Kellner. Und gleich darauf standen zwei so herrliche, mit Butterkrem verzierte Torten vor den Geschwistern, daß diese beim besten Willen nicht widerstehen konnten.

„Ja, wenn Sie wirklich wollen . . . Es ist ja schrecklich nett von Ihnen", sagte Corinna dankbar und stach mit der Gabel tief in den wunderbaren Kuchen hinein.

Mark zögerte noch ein paar Sekunden, doch dann folgte er ihrem Beispiel.

Die Frau mit dem grünen Hut lehnte sich lächelnd zurück. „Das freut einen halt, wenn man sieht, wie's der Jugend so von Herzen schmeckt!"

„Aber Sie sind doch noch nicht alt", bemerkte Corinna, von

ihrem Kuchen aufblickend. Die rötlich blonden Haare, die unter dem grünen Hut hervorsahen und im Nacken einen dicken Knoten bildeten, zeigten noch keine einzige graue Strähne.

Das Lächeln der Fremden wurde wehmütig. „Ja, das sagen Sie eben so, liebes Fräulein, weil Sie eine höfliche junge Dame sind. Vielleicht bin ich auch an Jahren noch gar nicht so alt. Aber wenn man halt schon so viel Schweres hat mitmachen müssen in seinem Leben . . . Wenn man immer nur Undank von den Menschen erfährt und sich allweil gegen ihre Bosheit wehren muß, das greift das Herz an, liebes Fräulein, und das meine, das will bald nimmer mitmachen . . ."

„Ach, das tut mir aber leid", sagte Corinna, ehrlich mitfühlend. „Sie sind krank?"

Die Fremde seufzte wieder. „Lassen wir's gut sein, liebes Fräulein. Was soll ich euch noch das Herz schwer machen? Erzählt mir lieber ein bisserl von euch! Wohin soll denn die Reise gehen?"

„Nach Italien. Nach Ravenna."

„Wie schön! Geradeswegs nach Ravennna?"

„So gerade wie möglich."

„Sie haben dort Bekannte – vermutlich?"

„Unsere Verwandten sind schon im Auto vorausgefahren. Sie zelten am Meer . . ."

„Wundervoll!" rief die Frau begeistert aus. „Wie ich Sie beneide!"

„Ja, und denken Sie nur, gestern früh wußten wir beide noch nicht einmal, daß wir heute hier in Innsbruck sitzen würden", erzählte Corinna.

Die Frau schlug die Hände zusammen. „Wie ist das möglich?"

„Wir haben uns ganz schnell entschlossen. Unsere Verwandten hätten uns zwar gern nach Italien mitgenommen, aber da mein Bruder und ich schon andere Pläne hatten, haben wir den Platz im Auto unserer jüngeren Schwester überlassen. Mark wollte nämlich mit ein paar Freunden eine Radfahrt in die Schweiz machen, und ich war von meiner Freundin Margret eingeladen worden, die ganzen Ferien mit ihr auf dem Gutshof ihrer Großmutter zu verbringen. Ich hatte mich riesig darauf gefreut. Aber dann, denken Sie, sagt da Margret doch auf einmal – gestern früh war das: es geht leider nicht, die Großmama ist krank geworden und kann uns nicht brauchen. Schöne Geschichte, was? Die Aussicht, die ganzen Ferien über mutterseelenallein Trübsal zu blasen, war nicht gerade erhebend. Unsere Eltern waren übrigens schon abgereist. Sie machen eine Mittelmeerfahrt, wissen Sie. Zum erstenmal seit vielen Jahren sind sie ohne uns in die Ferien gefahren. Wir waren ja versorgt – dachten sie. Und nun das. Ich war völlig aus dem Häuschen. Daß ich bei dem gräßlichen Regenwetter in der öden Stadt und der ausgestorbenen Wohnung sitzen sollte, während Sabina am blauen Meer im Sand liegen kann . . . Ich war drauf und dran, allein per Anhalter meinen Verwandten nachzufahren. Da hat sich mein Herr Bruder meiner erbarmt, seinen Freunden einfach abgesagt und für das Geld, das er für die Radfahrt gespart hatte, zwei Rückfahrkarten nach Italien gekauft. War das nicht überwältigend nett von ihm?"

„Wahrhaftig! Solch ein netter Bruder!" Die Frau blickte ganz gerührt auf Mark, der den Kopf zur Seite drehte.

Corinna aber kehrte sich nicht an seine Verlegenheit. „Ja, das ist er: Ein guter Bruder. Das muß man ihm lassen", erklärte sie überzeugt. „Und nun hoffen wir nur, daß Onkel und Tante nicht allzu entsetzt sind, wenn wir plötzlich in Marina di Ravenna oder wie das dort heißt, auftauchen. Platz in den Zelten haben sie zwar genügend . . ."

„Dann wird es sicher klappen", stimmte die Fremde zu, warf dabei aber wieder einen ihrer ängstlichen Blicke in die Runde. „Sie beide fahren sicher auch mit dem D-Zug über den Brenner?"

„Natürlich. Sie auch?"

Die Dame nickte. „Doch, doch, ich fahr' auch mit. Das heißt – ich denk' . . ." Ganz plötzlich schien ihr Blick zu erstarren. Das Gesicht mit der langen Nase wurde blaß, die gelben Augen richteten sich auf einen bestimmten Punkt. Unwillkürlich wandten Corinna und Mark die Köpfe.

Hinter ihnen befand sich ein Fenster aus mattem Glas, und jenseits der nur schwach durchsichtigen Scheibe schien jemand zu stehen und hereinzuspähen. Man unterschied ein Gesicht, verzerrt und undeutlich zwar, das sich dicht an die Scheibe zu drücken schien. Es war nur einen Augenblick lang sichtbar, dann zog es sich zurück.

Corinna und Mark aber drehten sich schnell wieder um, denn ihre neue Freundin hatte sich plötzlich erhoben. „Entschuldigen S' mich ein Momenterl! Ich muß – ich hab ja tatsächlich vergessen . . ." Sie huschte mit unglaublicher Schnelligkeit zum Mantelständer hinüber, machte sich dort zu schaffen, riß einen Koffer an sich und drängte sich dann in größter Eile, Kellner und Gäste beiseiteschiebend, aus der Tür des Lokals.

Corinna und Mark fuhren auf. „Wo will sie denn hin?"

„Die ist mir gleich so sonderbar vorgekommen", murmelte Mark düster. „Jetzt ist sie weg, und wir sitzen da und können den Kuchen nicht bezahlen."

„Unsinn. Sie wird schon wiederkommen. Sie war doch so nett."

„Eine spinnete Nock'n war sie."

„Das sagst du von jedem weiblichen Wesen. Warum soll sie uns denn erst einladen, wenn sie nachher nicht bezahlen will?"

„Jetzt kommt der Kellner; jetzt wird's heiter!" stöhnte Mark.

Auch Corinna erschrak unwillkürlich. Da steuerte wirklich der Kellner gerade auf ihren Tisch zu und blieb vor ihnen stehen.

Corinna sah mit ängstlichen Augen zu ihm auf. „Hier ist das Geld für die Schokolade. Den Kuchen bezahlt die Dame, die dort gesessen hat", rief sie schnell.

„Die Dame hat schon bezahlt. Und sie läßt Ihnen sagen, daß sie Sie am Zug treffen werde", sagte der Kellner. Dann verbeugte er sich leicht und entfernte sich würdigen Schrittes.

Mark und Corinna sahen einander an. „Na also!" seufzte Corinna auf. „Ich habe mir's gleich gedacht, Mark."

„Warum rennt sie denn davon wie nicht gescheit?" murrte Mark. Aber auch er sah erleichtert aus.

„Da hat doch jemand von draußen hereingeschaut. Vielleicht hat sie den treffen und noch schnell mit ihm ein paar Worte sprechen wollen."

„Möglich. Also, dann können wir uns ja auch zum Zug begeben."

„Schon? Wir haben noch viel Zeit. Jetzt will ich erst eine Karte kaufen und an Margret schreiben. Sei bitte so nett und gib mir die Pfennige, die du noch übrig hast. Margret soll eine Karte aus Österreich bekommen und eine aus Italien. Und ich werde ganz groß angeben, damit sie sieht . . ."

Weiter kam Corinna nicht, denn jetzt erklang dicht bei ihnen eine freundliche Männerstimme. „Ist's erlaubt, bitt' schön?"

Sie sahen auf. Ein junger Mann in einem durchnäßten Regenmantel stand an ihrem Tisch und wies auf den Platz, den die Dame mit dem grünen Hut soeben verlassen hatte. Corinna musterte ihn schnell. Er hatte blondes Haar, das ein wenig in die Höhe stand, und sah harmlos und sympathisch aus.

Nachdem Corinna würdevoll genickt hatte, hängte er seinen Mantel an einen Wandhaken und setzte sich.

„Ein richtiges Hundewetter, was?" sagte er und bestellte beim Kellner ein Glas Glühwein.

Das dampfende Getränk kam.

Nachdem der junge Mann einige tüchtige Schlucke getrunken hatte, lehnte er sich zurück und sah Corinna aufmerksam an. „Na, wohin soll denn die Reise gehen?"

Corinna lachte in sich hinein. Wie neugierig die Leute doch alle waren! Noch immer lächelnd, stützte sie die Ellbogen auf den Tisch und legte das Kinn in die Hände. „Interessiert Sie das?" fragte sie sanft.

Der junge Mann lachte unbefangen. „Warum soll's mich nicht interessieren, wo zwei so große Reisende heute noch hinwollen?" Er setzte sich gerade auf. „Soll ich mal raten?" fragte er.

„Bitte!" Corinna betrachtete ihn erwartungsvoll. Eigentlich sieht er nett aus, dachte sie. Die Augen haben einen ungewöhnlich hellen scharfen Blick. Aber das gefällt mir gerade. „Also – Sie fahren nach Italien. Stimmt's?"

„Wir könnten doch auch in die Berge wollen . . ."

„Nein. Dann hätten S' nicht so wenig Gepäck und mindestens einen Lodenmantel und einen Eispickel mit."

„Oder – wir könnten schon auf der Heimfahrt sein . . ."

„Auch nicht. Dann wären S' braun wie die Kaffern. Und außerdem haben ja bei Ihnen in Süddeutschland die Ferien erst angefangen."

„Wissen Sie denn so genau, daß wir aus Deutschland kommen?"

„Das hört man am Dialekt. Sie kommen gewiß aus dem schönen Schwabenländle. Und Geschwister sind S' auch, das sieht man Ihnen an den lustigen Nasenspitzen an."

Unwillkürlich drückte Corinna die Hand gegen die Nase. Frechheit! dachte sie. Aber sie mußte wider Willen lachen. „Wissen Sie vielleicht sonst noch etwas von uns?" fragte sie.

„Stimmt's bis jetzt?"

„Ja, alles stimmt."

„Der junge Mann da ist ein großer Fotograf", fuhr ihr Gegenüber fort und blickte jetzt Mark an. „Seine Kamera ist noch ziemlich neu, und das Tascherl, wo's drin steckt, auch. Das hat er alles zu Ostern gekriegt, und jetzt hat er gewaltige Pläne, wie er halb Italien aufs Negativ bekommen kann."

„Zu Weihnachten, zu Weihnachten!" verbesserte Corinna lachend. „Sonst stimmt alles!"

„Und Sie, mein Fräulein, Sie sind musikalisch."

Nun war Corinna doch ehrlich verblüfft. „Woher wollen Sie denn das wissen?"

Der junge Mann wies lächelnd auf Corinnas roten Beutel, der noch geöffnet auf dem Tisch stand, weil sie soeben darin nach ihrem Taschenkamm gesucht hatte. „Das da ist doch ein Flötenkasterl, oder?"

„Ja, tatsächlich. Haben Sie das gesehen?"

„Am End' studieren S' gar regelrecht Musik?"

„Getroffen. Ich bin seit einem Jahr auf der Musikhochschule. Hauptfach Flöte. Macht mir riesig Vergnügen. Meiner Familie allerdings weniger. Mein ewiges Geübe geht dem ganzen Haus auf die Nerven, vor allem meiner Mutter, denn sie ist Schriftstellerin und schreibt Bücher, und da sollte sie natürlich vollkommene Ruhe haben. Aber gerade sie sagt am allerwenigsten darüber, während unsere Schwester Sabina immer etwas zu maulen hat . . ."

„Da haben S' also vor, mit dem Blockflötenspiel einmal Ihren Lebensunterhalt zu verdienen?"

„Nicht mit der Blockflöte allein. Ich spiel auch Querflöte und nebenbei Klavier und noch andere Instrumente. Aber meine Lieblinge sind die Blockflöten, das muß ich zugeben. Drei habe ich schon, Sopran, Alt und Tenor. Momentan spare ich auf eine Baßflöte. Über den zarten, unpersönlichen Klang von Blockflöten geht doch nichts, finden Sie nicht auch?"

„Mag sein." Der junge Mann lächelte. „Dann sind Sie also mehr fürs Romantische als fürs Moderne?"

„Stimmt. Obwohl ich eine richtig verrückte Tanzmusik auch mal ganz gern mag. Aber wenn ich auch noch mit einer Jazztrompete reisen würde – statt mit solch einer kleinen Flöte –, wieviel Anstoß ich dann erst bei meiner Mitwelt erregen würde . . !"

Nun lachten sie beide. Corinna holte den Flötenkasten aus dem Beutel, um dem Fremden die geliebte Amaryllis vorzuführen. Da hielt Mark ihren Arm fest.

„Laß doch! Wir müssen jetzt zum Zug."

Corinna blickte auf ihr Handgelenk. „Es ist noch längst nicht soweit."

„Der Zug kommt sicher schon früher herein, und . . ."

„Sie fahren drei Uhr zwanzig? Via Brenner? Da haben S' noch Zeit", beruhigte ihr Tischgenosse.

„Na, siehst du, Markus Aurelius. Nun sei bloß nicht so ungemütlich!"

Der Fremde griff den Namen auf. „Markus Aurelius? Das klingt aber grandios. Heißt er wirklich so?" Er wandte sich mit seinen Fragen stets an Corinna.

„Tatsächlich. Ob Sie's glauben oder nicht. Er ist Mark Aurel getauft, wird aber Mark genannt. Unser Vater ist Professor für alte Geschichte und hat eine besondere Vorliebe für den römischen Kaiser Mark Aurel. Wir haben alle solch hochtrabende Namen, finden sie selber lächerlich, können aber leider nichts daran ändern. Sabina klingt ja noch einigermaßen normal . . ."

„Und Sie heißen?"

„Corinna. Wie finden Sie das? Auch ein bißchen sonderbar, wie?"

„Sehr reizvoll auf alle Fälle. Paßt zu Ihnen."

Corinna lachte. „Das soll wohl ein Kompliment sein? Ich bin hingerissen!" Aber sie konnte nicht hindern, daß sie rot wurde.

Der junge Mann ließ den Blick nicht von ihr. Langsam hob er sein Glas und nickte ihr zu: „Prost, Fräulein Corinna! Auf eine schöne Italienreise!"

Corinna wurde noch verlegener. „Danke", sagte sie und beschäftigte sich dann damit, ihren Beutel zuzubinden.

„Machen Sie in Verona Station?"

„Kaum. Wir wollen so schnell wie möglich nach Ravenna weiter."

„Sehr schön. Und die Frau Tante fährt auch mit?"

„Wen meinen Sie? Wir treffen in Ravenna unsere Verwandten. Aber hinfahren tun wir zwei allein."

„Ach so – entschuldigen S' nur. Ich hab gedacht, ich hätt Sie vorhin mit einer Dame zusammengesehen . . ."

Nun mußte Corinna wieder lachen. „Aber das war doch nicht unsere Tante. Bloß eine Frau, die wir hier im Restaurant kennengelernt haben. Diesmal haben Sie falsch getippt." Ihre dunklen Augen strahlten den jungen Mann triumphierend an. „Haben Sie etwa eine Familienähnlichkeit festgestellt?" fragte sie vergnügt, und selbst der schweigsame Mark konnte jetzt nicht umhin, ein kurzes: „Besonders bei den Nasen?" einzuwerfen.

Auch der junge Mann lachte. „Wissen S', so genau hab ich sie mir nicht angeguckt. Aber hat sie nicht hier mit Ihnen am Tisch gesessen?"

„Freilich. Sie hat uns sogar Kuchen spendiert. Nett von ihr, nicht? Wir treffen sie im Zug wieder."

Mark erhob sich. „Also ich finde, wir sollten jetzt gehen", erklärte er mit großer Bestimmtheit.

Corinna schüttelte verwundert den Kopf. „Was hast du denn bloß, Mark? Sei doch friedlich!"

Auch ihr Tischgenosse sah fragend zu Mark auf. „Reisefieber? Nun vielleicht . . ." Er vollendete den Satz nicht, sondern wandte sich, auf einmal sehr ernsthaft werdend, wieder an Corinna. „Auf alle Fälle ist es mir eine Beruhigung, Fräulein Corinna, daß Sie in Ravenna Ihre Verwandten treffen."

„Ihnen? Wieso?" Corinna blickte ihn verständnislos an.

„Sie – Sie sind halt noch recht jung, Sie beide. In diesem Alter schon allein in fremden Ländern umeinand zu kutschieren, das ist nix, mein ich. Kann unter Umständen sogar gefährlich werden, wissen Sie das?"

Nun verschwand Corinnas Lachen. Tief enttäuscht und gekränkt starrte sie auf den Fremden. Wollte der jetzt auf einmal anfangen, ihnen eine Predigt zu halten? Das hätte sie wirklich nicht von ihm erwartet.

„Was heißt: in dem Alter? Wir sind schließlich keine Kinder mehr!"

„Aber Sie haben noch zu wenig Erfahrung und sind zu vertrauensselig. Da schließt man ohne weiteres Bekanntschaft mit Leuten, die einem schöntun, und dann . . ."

Corinna stand auf. „Meinen Sie etwa sich selbst mit solchen – Leuten?"

„Aber nein!" Der junge Mann schien nun auch verlegen zu werden. „Sie müssen das nicht falsch auffassen. Ich möchte nur nicht, daß Sie – ach, herrje, wie soll ich's nur sagen?"

„Behalten Sie's ruhig für sich", riet ihm Corinna zornig. „Ich glaube nämlich, es wird jetzt tatsächlich Zeit für uns, auf den Bahnsteig zu gehen."

Würdevoll griff sie nach Konstantin und Ledermann und schritt zum Mantelständer hinüber. Auf halbem Weg wandte sie sich nochmals um und machte dem jungen Mann, der sich unschlüssig erhoben hatte, eine spöttische Verbeugung.

„Vielen Dank für Ihre guten Ratschläge, und leben Sie wohl, mein Herr!"

Mit diesen verächtlich hingeworfenen Worten ergriff sie ihren Mantel, nahm ihn über den Arm und lief aus der Tür, gefolgt von Mark, der dem Fremden überhaupt keinen Blick mehr gönnte.

Erst draußen in der Halle schöpften die beiden Atem.

„Na, Gott sei Dank", brummte Mark. „Endlich habe ich dich weggekriegt! Das war aber eine Schwerarbeit!"

Corinna schüttelte sich. Sie glühte noch immer vor Zorn. „So etwas! Sollte man das für möglich halten? Dieser Mensch gibt uns väterliche Ratschläge im weisen Erzieherton, dabei ist er selber nicht viel älter als wir!"

„Na, so an die fünfundzwanzig wird der schon sein. Aber das ist ja ganz egal."

„Redet von unserer Jugend und Vertrauensseligkeit, als ob . . ."

„Mit dem letzteren hat er übrigens recht gehabt. Wenigstens was dich betrifft. Mußt du denn aller Welt unsere ganze Lebensgeschichte erzählen?"

„Habe ich ja gar nicht getan. Unsere ganze Lebensgeschichte – dabei haben wir ja kaum fünf Minuten mit dem dummen Kerl geredet."

„Und in den fünf Minuten hat er so ziemlich alles Wissenswerte über uns erfahren. Ausgequetscht hat er dich wie eine Zitrone. Und die alte Tante mit dem grünen Hut übrigens auch."

„Unsinn. Der junge Mann hat alles selber 'rausgekriegt. Eine gute Kombinationsgabe hatte der, das muß man ihm lassen. Bloß mit der Tante hat er sich geirrt . . ."

Sie gelangten auf den Bahnsteig, von dem ihr Zug abfahren sollte. Noch war nichts von ihm zu sehen, auch die Frau mit dem grünen Hut zeigte sich nirgends zwischen den wartenden Fahrgästen.

„Laß die komische Alte doch allein fahren!" sagte Mark ärgerlich. „Was brauchen wir die? Wir müssen ihr bloß den Koffer tragen."

„Na, und? Daran werden wir uns wohl nicht verheben, oder meinst du? Schäme dich, Markus Aurelius! Erstens hat sie's am Herzen, und zweitens war sie sehr nett zu uns und hat uns Kuchen spendiert."

„Und drittens redete sie mit einer Stimme, die mir auf die Nerven ging."

„Ach, du armer Knabe! Wenn man auch ein so zartbesaitetes Nervensystem hat! Übrigens", Corinna blieb plötzlich stehen und hob nachdenklich die Nase in die Luft, „eigentlich war er doch nett – trotz allem!"

„Wer?"

„Der Blonde, der an unserem Tisch saß, natürlich."

„Gott helfe dir!" Mark schien nahe daran, die Geduld zu verlieren.

„Ach du, Markus, da fällt mir gerade ein: Ich habe die Karte für Margret vergessen. Ich renne geschwind nochmal in die Bahnhofshalle zurück. Wir haben ja noch Zeit. Paß inzwischen gut auf Ledermann auf!" Und ehe Mark widersprechen konnte, sah er Corinna schon auf die Unterführung zulaufen, so daß der rote Beutel, der ihr von der Schulter baumelte, lustig hinter ihr dreinflog.

„Bleib aber nicht zu lange. Der Zug wird gleich einfahren", rief Mark ihr noch nach.

Die Mahnung war nicht unberechtigt, denn kurz darauf kam der Zug wirklich. Mark stieg ein und belegte zwei Fensterplätze. Dann stand er am offenen Gangfenster und wartete auf Corinna.

Die Minuten vergingen, alle Fahrgäste waren längst eingestiegen

– aber von Corinna war nichts zu erblicken. „Genauso habe ich mir's vorgestellt", schimpfte Mark vor sich hin. Was sollte er tun, wenn Corinna nicht rechtzeitig zurückkehrte? Dieses Mädchen hatte noch nie das geringste Gefühl für Zeit gehabt.

„Einsteigen zum D-Zug Brenner–Bozen–Venedig! Einsteigen, bitte! Türen schließen! Glückliche Reise!"

Gott sei Dank, da war Corinna! Sie tauchte aus der Unterführung auf und nickte Mark zu. Dann kletterte sie in den Zug und hinter ihr warf der Schaffner die Tür knallend ins Schloß.

„Wo bleibst du nur so lange – in drei Teufels Namen?"

„Erzähl' dir's gleich", keuchte Corinna. Sie steckte ihren Kopf neben Mark aus dem Fenster.

„Schau mal, da ist er ja wieder!" Corinna stieß Mark in die Seite, was unnötig war, denn auch Mark hatte den jungen Mann gesehen, der, aus der Unterführung auftauchend, wie unschlüssig zu dem eben anfahrenden Zug emporstarrte. Es war ihr Tischgenosse von vorhin. Jetzt erkannte er die Geschwister und lächelte.

Corinna winkte ihm lachend zu. „Wenn der noch mitgewollt hat, ist er leider zu spät gekommen. Oder wollte er uns am Ende bloß nachwinken?"

„Mir ziemlich gleichgültig. Unsere ‚Tante' mit der langen Nase ist übrigens nicht erschienen!"

„Weiß ich."

„Wieso?"

„Ich erzähl dir's, wenn wir sitzen."

Corinna steckte noch einmal den Kopf aus dem Fenster, aber der Zug hatte den Bahnsteig schon hinter sich gelassen, und von dem blonden jungen Mann war nichts mehr zu sehen.

Da schob sie mit einem energischen Ruck das Fenster hoch und trat ins Abteil. „Ach, du hast Fensterplätze erwischt! Prima!"

Sie verstauten das Gepäck. Corinna musterte die anderen Mitreisenden: eine bäuerlich gekleidete Frau mit zwei Kindern und einen sehr schläfrig aussehenden Jüngling. Dann hängte sie ihren Mantel auf, schlüpfte aus den feuchten Schuhen und kuschelte sich in die Ecke.

„Also paß auf! Ich habe die Dame mit dem grünen Hut in der Halle getroffen. Sie läßt dich grüßen. Sie kann leider nicht mitfahren."

„Welch ein unersetzlicher Verlust!" Mark grinste.

„Sie war schrecklich unglücklich darüber, die Arme. Sie hat plötzlich Bescheid bekommen, daß jemand krank geworden ist oder so ähnlich, so daß sie in Innsbruck bleiben muß. Und sie hatte sich doch so auf die Reise nach Italien gefreut. Ihre Großtante dort feiert ihren neunzigsten Geburtstag – stell dir das mal vor! – die hat sie besuchen wollen."

„Möglicherweise hätte die alte Dame der Schlag getroffen, wenn das gelbe Langnasengesicht bei ihr aufgekreuzt wäre."

„Also du bist wirklich zu ekelhaft, Mark! Die Arme hat eben schon viel mitgemacht in ihrem Leben. Aber herzensgut ist sie. Von ihrer alten Großtante hat sie so liebevoll gesprochen. Sie war besonders traurig darüber, daß sie ihr nun das Geburtstagsgeschenk nicht selbst überreichen kann. Sie hat's dann mir anvertraut."

„Dir?"

„Ja, Ich soll's in Ravenna auf die Post geben. Das ist ja schließlich keine große Mühe."

Mark starrte Corinna an. „Das Geburtstagsgeschenk? Ja, wo hast du's denn?"

Corinna wies auf den Beutel Konstantin, der neben ihr auf der Bank stand. „Da! Wir haben ja schon fast alles aufgegessen. Da ging es gut 'rein."

Mark betrachtete den Beutel mit zusammengezogenen Brauen. „Was ist es denn?"

„Weiß ich nicht. Ein Päckchen. Ziemlich flach. Ich glaube, sie hat gesagt, daß es ein Bild ist."

„Das sieht dir wieder mal ähnlich! Sich irgend etwas aufhängen lassen, von dem du überhaupt nicht weißt, was es ist. Der Mensch im Bahnhofsrestaurant hat wahrhaftig recht gehabt! So was Vertrauensseliges wie dich gibt's nicht noch einmal."

„Ach, du spinnst ja." Corinna lachte leise. „Du guckst warhaftig den armen Konstantin ganz mißtrauisch an! Am Ende denkst du, in dem Päckchen steckt eine Bombe mit Zeitzünder! Und auf einmal fliegen wir alle in die Luft – das ganze Abteil mit Kind und Kegel! Markus Aurelius, sei nicht albern! Du hast ein Vorurteil gegen das ganze weibliche Geschlecht, das ist alles."

„Dummes Zeug. Ich habe bloß mehr Menschenkenntnis als du.

Die spinnete Person ist weder so gutherzig noch so bemitleidenswert, wie sie getan hat, das kannst du mir glauben. Auf alle Fälle trau ich ihr zu, daß sie dir etwas aufhängt, das sie selbst nicht über die Grenze bringen mag, weil es Schmuggelgut oder so etwas ist."

„Bist du von allen guten Geistern verlassen, Mark? Warum soll ich nicht ein Bild mitnehmen dürfen?"

„Bist du sicher, daß es ein Bild ist?"

„Es wird schon eines sein, warum nicht?"

„Zeig das Päckchen doch mal her!"

Mark griff nach dem flachen, in weißes Papier eingeschlagenen Ding, das Corinna aus dem Beutel zog. Etwas zögernd begann er, das Umschlagpapier zu entfernen.

„Gib acht! Gleich geht die Bombe los!" Corinna sah ihm mit spöttischen Blicken zu.

Nachdem die erste Hülle gefallen war, zeigte sich ein in braunes Packpapier gewickeltes Päckchen, das wohlverschnürt und mit einer Adresse versehen war. Es hatte die Form und den Umfang eines großen Buches und wirkte tatsächlich sehr harmlos. Mark untersuchte die Schnur, die mehrfach um das Ganze herumgeführt und kunstvoll verschlungen war. „Da ist eine Plombe, oder wie man das nennt."

Gemeinsam beugten sie die Köpfe über die mit Schreibmaschine geschriebene Adresse. „Contessa Mariana Grazzona, San Quirino, Lago di Garda", stand da.

„Oh, die Oma ist eine Gräfin! Wie vornehm!" spottete Mark.

„Nicht die Oma, sondern die Großtante", verbesserte Corinna.

„Kommt auf eins heraus. Hier steht auch ein Absender: S. Barghelli, Ravenna." Mark hob plötzlich den Kopf. „Wieso denn Ravenna? Sie scheint doch in Innsbruck zu wohnen!"

„Weil wir's dort einwerfen sollen, vermutlich."

„Aber deswegen brauchte sie das doch nicht als Absender zu schreiben. Und überhaupt – hat sie das Paket jetzt eben auf dem Bahnhof gepackt? Woher brachte sie da das Packmaterial und die Plombe und alles? Oder hat sie's schon so von zu Haus mitgebracht?"

„Das mußt du sie selber fragen. Ich weiß es wirklich nicht." Corinna lachte spöttisch. „Ich finde das alles auch nicht besonders wichtig. Die Hauptsache für mich ist: Die Frau hat mir das Päckchen anvertraut, und ich werd's gut hüten, wie ich ihr's versprochen habe, und in Ravenna zur Post bringen."

„Hat sie dir Geld fürs Porto gegeben?"

„Jawohl. Schau her!" Corinna holte ihren mageren Geldbeutel hervor und entnahm ihm stolz eine fremdartig aussehende Banknote. „Fünfhundert Lire. Der erste italienische Geldschein, den ich zu sehen kriege! Ich sagte ihr, das sei zu viel, aber sie meinte, ich solle es als Wertpaket schicken und versichern lassen. Da würde es so ungefähr hinkommen."

„Wird wohl so sein. Übertrieben viel ist das gar nicht, glaube ich. Die rechnen hier immer mit kolossalen Summen, soviel ich gehört habe."

„Na also", sagte Corinna und versenkte das Päckchen wieder in den Beutel.

Darauf trat Schweigen ein. Corinna blickte aus dem Fenster. Der Zug fuhr durch eine grüne Berglandschaft, die aber infolge der tiefhängenden Wolken, brauenden Nebel und dichten Regensträhnen ebenso an Reiz verlor wie alle Landschaften, durch die die Geschwister an diesem Tag schon gefahren waren.

So wandte Corinna ihre Augen wieder von der Landschaft ab und den Mitreisenden zu. Die bäuerliche Frau nickte schläfrig vor sich hin. Ihre Kinder, zwei niedliche Mädelchen, saßen steif und brav auf ihren Plätzen und starrten mit ängstlichen Augen geradeaus. Corinnas Versuche, sie zum Lachen zu bewegen, schlugen fehl. Alles Zublinzeln und Nicken hatte nur den Erfolg, daß die beiden sich noch ängstlicher aneinanderdrückten.

Der magere Jüngling in der Ecke gähnte, dann holte er eine große Tüte aus einem Koffer hervor und widmete sich dem Vertilgen riesiger Brotbrocken und noch riesigerer Speckstücke.

Corinna vermochte diesem Beispiel auf die Dauer nicht zu widerstehen, und so wurde Konstantin wieder aufgeschnürt, und bald futterten sie alle eifrig, sogar die beiden unzugänglichen kleinen Mädchen verschmierten sich die Münder mit den letzten Resten von Corinnas Schokolade.

Nur Mark blickte verdrossen drein. Er fror in seinen feuchten Kleidern und überlegte, ob er nicht wieder den Anorak überziehen solle.

Und noch etwas anderes ging ihm im Kopf herum. ,,Ich weiß nicht – die Sache gefällt mir einfach nicht'', begann er zögernd.

,,Welche Sache?'' fragte Corinna.

,,Die mit dem Päckchen. Da ist irgend etwas faul, sag ich dir. Warum rannte die Alte denn plötzlich aus dem Restaurant weg, als sei der Teufel hinter ihr her? Ich glaube, daß sie den Menschen, der durch die Scheibe hereinguckte, nicht treffen wollte, sondern daß sie vor ihm davonlief. Das ist meine unmaßgebliche Meinung. Sie hat sich schon vorher immer so ängstlich umgeguckt.''

,,Und was soll das mit dem Päckchen zu tun haben?''

,,Ja, wenn ich das wüßte, wäre mir wohler. Warum gibt sie auf einmal – Hals über Kopf – ihre Reisepläne auf? Und wie kommt sie dazu, dir das Ding fix und fertig verpackt, mit Adresse und sogar mit einem Absender aus Ravenna versehen, in die Hand zu drücken? Wenn sie's schon verpackt mitgebracht hatte – wollte sie's etwa so der Großtante überreichen?''

Corinna betrachtete ihren Bruder kopfschüttelnd. ,,Du hast zuviel Krimis gelesen, mein Sohn! Was könnte denn an dem harmlosen Geburtstagsgeschenk für die Großtante schon so furchtbar Wichtiges sein?''

,,Wer weiß, was in Wirklichkeit hinter der angeblichen Großtante steckt! Und ob das Päckchen so harmlos ist? Ich wollte, es wär' ganz woanders als in deinem Beutel, das kann ich dir nur sagen."

,,Eine Höllenmaschine ist es sicher nicht. Was soll also passieren?"

,,Das werden wir möglicherweise sehen, wenn wir an die italienische Grenze kommen. Sie kann nicht mehr weit sein. Wenn so ein Zollmensch das Päckchen aufmacht und sieht, daß es gar kein Bild enthält . . ."

,,Aber es enthält doch ein Bild."

,,Hast du es gesehen?"

Corinna antwortete mit einer Gegenfrage. ,,Sollen wir's etwa aufmachen?"

Mark seufzte. ,,Wenn die Plombe nicht wäre . . . Noch gescheiter wär's ja wahrscheinlich, du würdest es zum Fenster hinauswerfen."

Da aber schüttelte Corinna so empört den Kopf, daß ihr rotbrauner Schopf nur so hin- und herflog. ,,Sonst noch was? Wo ich versprochen habe, es zu hüten wie meinen Augapfel! Sie hat gesagt, daß es sehr wertvoll ist."

,,Hat sie nicht auch gesagt, daß du es vor den Grenzbeamten verstecken sollst?"

Corinna krauste die Stirn und dachte nach. ,,Schrecklich geheimnisvoll hat sie getan, das stimmt. Sie guckte sich immer wieder um, als ob sie Angst hätte, jemand könnte hören, was sie mit mir sprach. Und ich mußte extra mit ihr in eine Telefonzelle kommen. Da hat sie mir dann das Päckchen ganz schnell in den Beutel geschoben – da solle es bleiben, bis Ravenna, hat sie gesagt."

,,Na also!" Mark schlug sich vor Erregung aufs Knie. ,,Da hast du's ja! Und das sagst du erst jetzt!"

,,Wann hätte ich's denn sonst sagen sollen? Stell dich doch nicht so an, Mark! Du bist ein richtiger Angsthase in dieser Sache."

,,Bin ich gar nicht. Ich will nur nicht in irgendeine ungute Geschichte hineingeraten."

,,Und warum eigentlich nicht? Ich muß sagen, ich fände es ganz lustig, wenn ich mal in irgendeine tolle Schmuggelaffäre verwickelt würde. Ich würde das spannend finden."

„Ich auch – wenn ich allein wäre!“

Corinna fuhr hoch. „Markus! Du willst doch nicht sagen, weil – weil ich dabei bin? Aber hör mal!“ Sie lachte laut auf. „Jetzt fehlt nur noch, daß du sagst, du trägst die Verantwortung für mich oder sonst so etwas Pathetisches! Dabei bist du beinahe zwei Jahre jünger als ich!“

„Das tut nicht viel zur Sache“, antwortete Mark kurz.

Sie sahen einander an. Corinna blickte in das schmale, noch kindliche Gesicht mit den ernsten, blaugrauen Augen, die wie prüfend auf sie gerichtet waren. Dann sah sie auf dem Grund dieser Augen etwas, das ihr Lachen plötzlich verstummen machte. Einen Atemzug lang mußte sie sich sehr beherrschen, um dieses ernsthafte Gesicht nicht zwischen ihre Hände zu nehmen und ihm einen Kuß zu versetzen.

„Ach, Mark“, sagte sie dann leise und innig, „du bist doch ein großartiger Mensch. Der großartigste, den ich kenne, außer Mutter und Vater natürlich. Übrigens warst du das schon immer.“

Mark wandte unwillig den Kopf ab. „Das dürfte ja jetzt erst recht nichts zur Sache tun.“

„Doch, etwas schon. Ich kann das Paket zwar nicht zum Fenster hinauswerfen, das kann ich einfach nicht. Aber im übrigen will ich auf dieser ganzen Reise immer nach deinem Rat handeln, denn ich muß es leider zugeben: du bist tatsächlich der Klügere von uns beiden.“

„Gott, wie feierlich!“ murmelte Mark. Aber an seinem verlegenen Lächeln sah Corinna doch, daß ihre bedingungslose Kapitulation ihm wohltat.

„Und jetzt sag, was wir tun sollen, los!“ Corinna warf einen Blick auf ihre Abteilgenossen. Der magere Jüngling schnarchte friedlich, und auch die Mutter der Kinder hatte die Augen geschlossen. „Sollen wir die Schnur durchschneiden? Nachher knüpfen wir sie einfach wieder zusammen. Die Großtante kann ja gar nicht wissen, ob die Nichte nicht bereits eine zusammengeknotete Schnur genommen hat, nicht?“

Mark sah das Päckchen, das Corinna wieder hervorgeholt hatte, zweifelnd an. „Ich weiß nicht. Hat sie dir auch das Versprechen abgenommen, nicht hineinzugucken?“

„Nein, davon hat sie nichts gesagt. Ach komm, laß es uns aufmachen! Ich bin jetzt selber neugierig geworden."

Aus Konstantins gehaltvollem Inneren brachte Corinna eine kleine Nagelschere zum Vorschein, und gleich darauf war die Schnur durchschnitten.

Mark entfernte das Packpapier. Eine weitere Hülle folgte, dann kam ein kleiner Karton zum Vorschein. Und endlich tauchte aus allen Hüllen das Geburtstagsgeschenk für die Großtante auf: Es war tatsächlich ein Bild!

„Siehst du wohl?" sagte Corinna.

Das Bild stellte einen Jungen mit langen Haaren und hohen, roten Stiefeln dar, der von drei Engeln – einer davon war gepanzert und trug ein Schwert in der Hand – geleitet wurde.

„Tobias mit den Engeln", erklärte Corinna sofort. Merkwürdigerweise handelte es sich um ein Ölgemälde, das allerdings so ohne Rahmen, nur auf Holz aufgezogen, sehr klein wirkte.

Mark schüttelte erstaunt den Kopf. „Gibt es denn überhaupt so kleine Ölbilder?"

„Wie du siehst, ja."

„Vielleicht ist es nicht echt?"

„Wieso nicht echt? Daß es kein Druck ist, sondern ein Ölgemälde, erkennst du vermutlich selbst. Und ich bin überzeugt davon, daß es etwas Altes ist. Es könnte sogar von Botticelli sein. Der hat übrigens verschiedene Tobiasbilder gemalt, soviel ich weiß."

Ehe bei Corinna die Musikleidenschaft die Oberhand gewonnen hatte, war Malerei ihr Steckenpferd gewesen. Vor ein paar Jahren – so etwa in Unter- und Obertertia – hatte sie viel und ganz nett gezeichnet und sich für Kunstgeschichte begeistert wie jetzt für Musikgeschichte. Und auch da waren es die „alten Meister" gewesen, denen ihre besondere Liebe gegolten hatte. Mark konnte also nicht umhin, ihr Urteil in derlei Dingen anzuerkennen.

Dennoch blieb er mißtrauisch. „Ich meine, es könnte doch nachgemalt sein."

„Ach so – du denkst an eine Kopie. Das ist freilich möglich. Obwohl – ich weiß nicht – das alles sieht so richtig altertümlich aus. Guck nur, wie wurmstichig das Holz ist! Und es riecht auch alt." Corinna drückte die Rückseite des Bildes an ihre Nase.

„Man kann doch nicht riechen, ob ein Bild alt oder neu ist."

„Kann man wohl. Es riecht so – feierlich, möchte ich sagen – ein bißchen wie Weihrauch." Corinna drehte das kleine Bild wieder um und betrachtete es.

„Wer war denn das überhaupt, dieser Botticelli?"

„Ach, du bist schrecklich ungebildet! Das war einer der berühmtesten Maler der italienischen Renaissance und übrigens auch einer von denen, die mir am besten gefallen. Er hat so um 1500 gelebt – hauptsächlich in Florenz." Corinna hielt das Bild mit ausgestrecktem Arm von sich. „Bestimmt ein echter Botticelli", wiederholte sie. „Guck nur, wie herrlich das gemalt ist, die Farben – so gedämpft und doch leuchtend – das Rot hier, und dann das matte Blaugrau! Und der Tobias ist zu nett!"

„Der sieht dir ein bißchen ähnlich", behauptete Mark. „Die Haarfarbe und . . ."

Corinna lachte auf und warf einen Blick in den kleinen Spiegel an der Abteilwand. Flüchtig verglich sie die Haarwildnis über ihrer Stirn mit der rötlich braunen Lockenfülle des gemalten Knaben. „Vielleicht. Aber das ist ja ziemlich unwichtig. Hauptsache, es handelt sich hier um einen echten Botticelli."

„Aber das Bild ist so winzig klein." Mark war noch immer nicht überzeugt.

„Botticelli hat noch mehr solch kleinformatige Bilder gemalt. Eine Judith zum Beispiel – die befindet sich in Florenz in den Uffizien. Auf alle Fälle – unsere sogenannte Tante aus Innsbruck hat nicht gelogen – es ist wirklich ein Bild und zwar ein wertvolles . . ."

„Aber wie kommt sie zu einem so wertvollen Bild? Sie sah nicht besonders wohlhabend aus."

„Darauf kann man nichts geben. Jendenfalls finde ich nichts Böses daran, wenn sie ihrer Großtante ein Bild schickt."

„Wer weiß, ob die Ausfuhr von Kunstwerken aus Österreich überhaupt gestattet ist", murrte Mark vor sich hin. Er hatte das kleine Gemälde um und um gedreht, beklopft und befingert und nichts Verdächtiges daran entdecken können. So mußte er wohl oder übel Corinna recht geben.

Diese zögerte, das Bild wieder in seine Hüllen zu stecken. „Ein Jammer eigentlich, daß wir's wieder einpacken müssen! Die zarte

Landschaft im Hintergrund – die feinen Linien der spindeldürren Bäumchen! Und dann die Figuren selber! Kein bißchen kitschig sind die Engel. So ganz natürlich und dabei doch herb und ein wenig märchenhaft. Es ist im Grunde das gleiche wie in der alten Musik, bei den Chansons von Dufay zum Beispiel. Es ist derselbe Geist.“

„Halte keine Vorträge, sondern packe es ein!“

„Kunstverständnis hast du nicht für einen Pfennig.“ Corinna riß sich von dem Anblick des kleinen Kunstwerkes los, und gemeinsam wickelten sie es wieder in alle seine Hüllen.

„Irgendein Brief oder so etwas war nicht dabei. Auch keine herzlichen Glückwünsche für die Großtante.“ Mark knüpfte die Schnur kunstvoll zusammen. „Barghelli lautet der Name des Absenders, wie? Das klingt italienisch – unsere ‚Tante‘ hat aber österreichisch gesprochen!“

„Vielleicht ist sie mit einem Italiener verheiratet und . . .“ Corinna brach ab, denn eben wurde die Abteiltür aufgeschoben. „Paßkontrolle! Ihre Ausweise, bittschön!“

Schnell wie der Blitz hatte Mark das Päckchen in den Beutel gleiten lassen. Auch Corinna war erschrocken zusammengefahren. Verwirrt zog sie jetzt den Beutel zu sich heran und suchte darin nach ihrem Paß.

Mark bekam schon einen zweiten Schreck – aber nein, Gott sei Dank, nach ausgiebigem Wühlen brachte Corinna tatsächlich den Ausweis zum Vorschein.

Der Beamte schenkte dem Gepäck überhaupt keine Aufmerksamkeit, er prüfte nur die Pässe und verließ dann höflich grüßend wieder das Abteil.

Die Geschwister atmeten auf. „Der hat ja gar nichts untersucht!“

„Vielleicht kommt noch ein anderer hinterdrein!“ Zur Vorsicht schnürte Corinna doch lieber den Beutel fest zu und stellte ihn oben auf den Gepäckträger.

Kaum war dies geschehen, kam auch wirklich die zweite Kontrolle. Diesmal waren es zwei Beamte, Italiener, die ebenfalls die Pässe prüften, aber im übrigen nur einige forschende Blicke auf das spärliche Gepäck der Geschwister warfen und sich dann den anderen Reisenden widmeten.

Der Zug hielt, man war an der Station des Brennerpasses und damit an der italienischen Grenze angelangt.

Später, als sie nach langer Wartezeit endlich wieder fuhren, lehnte sich Corinna vergnügt lächelnd in ihre Ecke. „So, Markus Aurelius, jetzt sind wir also in Italien – und das furchtbar gefährliche Päckchen auch – und kein Mensch hat sich darum gekümmert. Was sagst du nun?“

„Schwein gehabt“, murmelte Mark vor sich hin. Aber das blieb auch sein letztes Wort in dieser Angelegenheit. Nun redeten sie nicht mehr von dem Päckchen und von der Frau aus Innsbruck. Sie drückten ihre Nasen gegen die Scheibe. „Hier regnet es aber genauso wie jenseits der Grenze.“

„Das hier ist Südtirol. Abwarten, bis wir ins richtige Italien hinunterkommen! Jetzt müssen wir übrigens anfangen, Italienisch zu reden, weißt du das?“

„Bitte! Fang an!“ Mark lehnte sich erwartungsvoll zurück.

Corinna wandte den Blick zum Fenster. „E pericoloso sporgersi“, sagte sie feierlich.

„Schilder ablesen kann ich auch. Aber jetzt sag mal etwas das nicht hier steht.“

„Sento nel core – certo dolore . . .“, begann Corinna leise vor sich hinzusingen.

„Das bedeutet?“

„Ich fühle im Herzen gewisse Schmerzen . . .“

„Puh, wie gräßlich! Genau wie unsere ‚Innsbrucker Tante‘ mit dem grünen Hut: Mein Herz will bald nimmer mitmachen.“

„Schäme dich! Über so etwas spottet man nicht. Die Arie ist übrigens von Scarlatti, 1649 bis 1725 – und wenn ich mich in einen Italiener verliebe, dann weiß ich wenigstens, was ich zu sagen habe – wo ich mich doch mit all den cores und amores von den italienischen Liebesarien her schon so gut auskenne . . .“

„Wenn du dich verlieben solltest – egal ob in einen Italiener oder in sonst wen –, dann reise ich sofort in Richtung Heimat ab, das kann ich dir sagen.“

„Ich hab's eigentlich gar nicht vor“, versicherte Corinna beruhigend und begann sich die bestrumpften Füße zu reiben. „Meine Beine und Füße sind übrigens die reinsten Eisklötze, Mark.“

„Was hat das mit Liebe zu tun? Meinst du, wenn die Füße kalt sind, kann auch das Herz nicht warm werden? Dann wünsche ich dir Eisbeine für dein ganzes Leben."

„Danke, Mark. Ich verliebe mich auch ohne das nicht, kannst ruhig sein. Das Getue ist mir viel zu dumm! Wenn ich an Margret denke und an alle die blöden Jungen, für die sie sich begeistert, ungefähr alle zwei Tage für einen anderen . . . Ach je, und nun habe ich die Karte an sie doch nicht geschrieben, als wir noch in Österreich waren! Na ja – kriegt sie eben eine aus Italien, und damit fertig!"

Verona bei Nacht

Die Weiterfahrt verlief ohne Abenteuer. Der Zug hielt an mehreren Stationen, die alle „Palmolive" oder „Motta" zu heißen schienen, denn überall prangten dieselben Reklameschilder an den Wänden oder Pfeilern der Bahnhöfe.

Der schläfrige Jüngling und die Frau mit den Kindern waren längst ausgestiegen. Männer, die vermutlich von der Arbeit kamen, füllten für kurze Zeit das Abteil und stiegen dann wieder aus, während andere ihre Plätze einnahmen.

Nach und nach begann es zu dämmern.

Corinna und Mark waren sehr schweigsam geworden. Das ewig gleichmäßige Stoßen der Räder machte auf die Dauer entsetzlich müde, und diese Fahrt schien kein Ende nehmen zu wollen. Das Schlimmste aber war die Kälte. Es half wenig, die Strickjacke eng um sich zu ziehen und sich den feuchten Mantel über die Beine zu legen – man fror trotzdem erbärmlich.

„Du Mark, in Verona ist das Wetter sicher nicht besser als hier. Und in Ravenna auch nicht."

„Heute mittag hast du gesagt: in Italien regnet es nie", kam Marks Stimme mürrisch aus der Ecke gegenüber.

Corinna seufzte. „Ach – kümmere dich doch nicht um mein dummes Geschwätz von heute mittag."

Sie schwiegen eine Weile. Dann begann Corinna aufs neue. „Du,

Mark – unsere Fahrkarten gelten ja nicht weiter als bis nach Verona, nicht wahr?"

„Hm. Weiter hat das Geld nicht gereicht, das weißt du ja."

„Aber – wo schlafen wir dann eigentlich?"

Mark blieb stumm. Er mochte nicht sagen, daß ihm gerade diese Frage seit einer halben Stunde schwer zu schaffen machte. Wie leichtsinnig waren sie doch gewesen! Sie hatten überhaupt nicht daran gedacht, daß sie ja erst in der Nacht in Verona ankommen und dort buchstäblich auf der Straße stehen würden.

Daß Corinna nicht daran denken würde, das war zu erwarten – aber er selber . . .

Tatsächlich hatte er nur an strahlende Sonne, an Wärme und leuchtende Farben gedacht, hatte sich – ziemlich unbestimmt – vorgestellt, daß man in Verona gleich irgendwo ein Auto anhalten und direkt weiter nach Ravenna fahren werde. „Das restliche Stück schaffen wir leicht noch per Anhalter", hatten sie gesagt.

Aber das war ja so in Nacht und Regen ganz und gar unmöglich. Man würde vor einem fremden Bahnhof stehen, in einer fremden Stadt und in einem fremden Land, in dem niemand die eigene Sprache verstand, ohne Geld, ohne einen Menschen zu kennen und bei strömendem Regen obendrein. Und er, Mark, trug die Verantwortung für diese unvernünftige und unberechenbare Schwester, die sich unheimliche Pakete aufhalsen ließ.

Mark seufzte tief.

„Hast du etwas zu bemerken geruht?" fragte Corinna.

„Nein."

Wieder folgte ein langes Schweigen.

Draußen war es jetzt stockfinster. Nur hier und da glitten ein paar Lichter vorüber. Bei Nacht ist es eigentlich ganz egal, in welchem Land man herumfährt, dachte Corinna. Man kann in Italien sein oder in Schweden oder in irgendeinem heimatlichen Kuhnest: außer schwarzer Dunkelheit mit ein paar Lichtern darin gibt es nichts zu sehen. Möchte wissen, wozu wir eigentlich hierher gefahren sind! Regen, Kälte und Dunkelheit hätten wir zur Not auch zu Hause haben können.

„Du, Mark, ich könnte heute Nacht eigentlich eine Bettflasche gebrauchen."

„Bitte sehr, gnädiges Fräulein, tun Sie Ihren Gefühlen keinen Zwang an! Sie haben bloß auf den Klingelknopf zu drücken – heute abend ..."

„Wir werden wohl im Bahnhof bleiben müssen – im Wartesaal – was meinst du?"

Der Zug verlangsamte sein Tempo. „Verona", sagte der italienische Arbeiter, der neben Corinna saß, und lächelte sie freundlich an.

Corinna preßte die Nase gegen die Scheibe. „Eine Menge Lichter", stellte sie fest, „scheint eine ziemlich große Stadt zu sein. Und – übrigens – ich glaube, es regnet nicht mehr!"

„In Verona nicht Regen – Sonne", bemerkte der Arbeiter bedeutungsvoll.

Corinna fuhr zu ihm herum. „Sonne?" fragte sie ungläubig. Gab es so etwas überhaupt noch?

Der Mann strahlte sie mit seinen runden schwarzen Beerenaugen verheißungsvoll an. „Morgen – Sonne!" rief er mit Überzeugung aus.

Corinna fühlte geradezu, wie ein Strom von Hoffnung und Wärme durch ihren kalten, müden Körper flutete. „Morgen – Sonne", wiederholte sie sehnsüchtig.

Der Arbeiter lachte sie an, und sie lächelte zurück.

Da hielt der Zug. „Danke", sagte Corinna. Es tat ihr leid, daß sie nicht wußte, was danke auf italienisch hieß.

„Nett sind die Leute hier!" sagte Corinna, während sie aus dem Zug kletterten.

Dann standen sie wirklich vor dem Bahnhof von Verona. Lichter funkelten, Autos parkten oder fuhren brummend an. Ringsum war Leben und Bewegung.

Corinna drehte langsam den Kopf nach rechts und links, dann blickte sie zum Himmel auf: In seiner tiefen Schwärze konnte sie die Sterne erkennen. „Tatsächlich – keine Spur von Regen!"

„Und kalt ist es auch nicht", ergänzte Mark und knöpfte sich den Anorak auf.

„Es ist nicht nur nicht kalt, es ist geradezu warm!"

„Ja, erstaunlich. Guck, dort sitzen die Leute auf den Treppenstufen und unterhalten sich. Die denken hier nicht ans Frieren."

„Meine Füße tauen auch schon auf." Corinna zog den Mantel aus. Dann wandte sie sich ihrem Bruder voll zu. „Markus Aurelius, ich will dir etwas sagen", begann sie feierlich, „mein dummes Geschwätz von heute mittag war doch kein dummes Geschwätz! Und wenn es überall in der Welt regnet, in Italien regnet es nicht! In Italien ist es warm! In Italien scheint die Sonne, und in der Nacht sieht man die Sterne! Gott sei gelobt, daß wir in Italien sind!"

Sie lachten einander an. Alle Müdigkeit verflog. Vom Schlafen im Wartesaal war nicht mehr die Rede.

„Los vorwärts! Jetzt gucken wir uns Verona bei Nacht an."

Die Autos, die vor dem Bahnhof abfuhren, sausten alle in großem Bogen über den Platz und entschwanden den Blicken, indem sie nach links einschwenkten. „Dort geht's bestimmt in die Stadt hinein", schloß Corinna.

Neben ihnen stand plötzlich ein Mann. Er murmelte was von „Camera" und „Lire", aber Corinna hob schnell die Hand und bewegte sie abwehrend hin und her. „Nix camera. Nix moneta, capito?" sagte sie.

Der Mann grinste und ging weiter.

Corinna aber wandte sich stolz an Mark. „Der hat mich verstanden. Nun sag du nur noch mal etwas über mein Italienisch, lieber Freund!"

„Habe ich schon jemals etwas darüber gesagt? Aber jetzt los! Sonst kriegen wir noch mehr Zimmer angeboten."

Sie folgten den Autos und bogen in eine schnurgerade Straße ein. Nach dem langen Sitzen im engen Eisenbahnabteil genossen sie die Bewegung in der lauen Nachtluft, das Glänzen der Lichter, den lebhaften Fußgängerverkehr rings um sie her.

„Hier sitzen sie überall auf der Straße, schau!" Vor den Restaurants standen kleine Tische und Stühle auf dem Gehsteig, und viele Gäste – meist Männer – saßen noch da und hatten Gläser, kleine Flaschen oder winzige Kaffeetäßchen vor sich stehen.

„Wenn ich das sehe, bekomme ich sofort Durst", bemerkte Corinna.

„Wenn du bezahlst – ich bin nicht abgeneigt", antwortete Mark.

Corinna lachte. „Nichts zu machen, Markus. Bezähmen wir uns. Wir sind in Italien, das muß uns genügen."

Nachdem sie ein zinnengekröntes Tor durchschritten hatten, gelangten sie auf einen großen Platz. In der matten Beleuchtung dehnten sich Rasenflächen mit Blumenbeeten vor ihnen aus.

Jenseits erhob sich die grünlich angestrahlte Masse eines riesenhaften Gebäudes – zwei übereinander getürmte Rundbogenreihen hoben sich aus dem Dunkel heraus.

„Du – das ist bestimmt das Amphitheater! In Verona gibt es eine römische Arena – das weiß ich“, rief Corinna. Sie beschleunigten ihre Schritte und liefen auf das Bauwerk zu.

„Ist das tatsächlich noch aus der Römerzeit? Und so gut erhalten?“

„Natürlich ist es römisch – das sieht man doch gleich.“

Nun standen sie vor den gewaltigen, aus großen Quadern getürmten Bogen, die in der dämmergrünen Beleuchtung mit geheimnisvoller und fast urweltlich wirkender Majestät und Strenge auf sie herabsahen.

„Ja, man sieht es“, sagte Mark leise. Es war, als wage er vor so viel Größe nicht laut zu sprechen. „Aber – woran liegt es eigentlich, daß man es sieht?“

Corinna antwortete nicht.

Langsam folgten sie der Rundung des Baues. An einer Seite türmten sich die ruinenhaften Reste eines weiteren Bogenganges auf, der, den anderen vorgelagert, mit einer dreifachen Reihe gewaltiger Rundbögen hoch über das ganze Bauwerk emporragte. Hier leuchtete rötliches Licht zwischen den Pfeilern hervor.

Corinna ließ ihren Blick an den alten Mauern emporgleiten. „Woher kommt nur die grüne Beleuchtung? Beinahe grausig sieht das aus – wie Moder – geradezu leichenhaft.“

„Dort ist ein Scheinwerfer. Und da auch!“ Mark wies in die Höhe. „Raffiniert haben sie die Dinger angebracht.“

„Nein, ich will gar nicht wissen, daß es Scheinwerferlicht ist“, sagte Corinna schnell. „Wenn man das nicht weiß, ist alles viel märchenhafter.“

Mark schüttelte den Kopf. „Du hast aber gefragt. Übrigens kann diese tolle Beleuchtung ja nicht von nichts herkommen, nicht wahr?“

Da aber griff Corinnas Hand unvermutet nach der seinen. Ihre

Finger umspannten sein Handgelenk: „Ich bitte dich um alles in der Welt, Mark, sei nur einmal in deinem Leben nicht so nüchtern! Wir laufen hier in einem Märchen herum – in etwas ganz und gar Unwirklichem – einem Traum vielleicht. Wenn du es da nicht lassen kannst, deine flachen Alltagsbemerkungen zu machen, dann ist es besser, wir sagen überhaupt kein Wort mehr."

„Ich bin's ja schließlich nicht, der . . ." Immer wieder zu reden anfängt, hatte Mark sagen wollen. Aber dann verschluckte er den Rest seines Satzes.

Als sie unter den mächtigen Arkaden hingingen, begann sie wieder: „Hier sind sicher einst die wilden Tiere herumgerannt, die Löwen und Tiger, wie man es immer in Geschichten von den Christenverfolgungen liest. Das hier wäre entschieden etwas für Vati", setzte sie dann unvermittelt hinzu.

„Wegen der Christenverfolgungen?"

„Aber nein. So das Ganze, meine ich. Er spricht doch immer von der Strenge und Klarheit der lateinischen Sprache. Und er ist überhaupt so sehr für die Römer eingenommen. Eigentlich müßtest du das auch sein. Weshalb heißt du schließlich nach einem römischen Philosophenkaiser? Weißt du, du hast vorhin gefragt, woran es liegt, daß man gleich sieht: es ist römisch und nichts sonst. Vielleicht könnte man sagen, es liegt daran, daß man hier sofort spürt: so etwas können nur Leute gebaut haben, die viel Kraft hatten, viel Macht, viel Willen – und viel Ordnungswillen. So wie Vati immer sagt, daß ein Ordnungswille in der lateinischen Sprache steckt."

„Aber später waren die Römer gar nicht mehr so ordentlich. Da gab's doch eine Menge Luxus und wenig schöne Sitten bei ihnen. Das weiß man ja auch aus der Geschichte."

„Mag sein. Aber als sie diese Arena gebaut haben, da waren sie noch groß, das sieht man dem Ding an. Kannst du dir irgendein neueres Bauwerk denken, das so stark wirkt?" Corinna legte den Kopf in den Nacken zurück und blickte an den Pfeilern empor. „Ist es nicht, als ob jeder dieser Riesenblöcke über uns lachte: Ach ihr armen kleinen Atomzeiterchen! Was für ärmliche, pimpelige Geschöpfe seid ihr doch, mit all euren Erfindungen, die euch um kein Haar größer oder besser gemacht haben! Kommt man sich hier nicht geradezu klein und nichtig und verzärtelt vor?"

Mark lachte in sich hinein. „Atomzeiterchen ist gut! Ein neues Wort. Und was bedeutet eigentlich: pimpelig? Gibt's das Wort überhaupt?"

„Weiß nicht. Ist mir auch ganz egal, du alter Wortklauber. Ich möchte jetzt wissen, wie man in die Arena hineinkommt. Laß uns mal an allen Türen rütteln, vielleicht ist eine offen."

Leider blieb aber das Rütteln vergeblich. Die großen Brettertüren, die ins Innere des Gebäudes führten, waren samt und sonders verschlossen.

„Tags kann man hinein. Da stehen die Eintrittspreise angeschrieben", bemerkte Mark.

„Ja, aber tags haben wir kein Geld", sagte Corinna.

So trennten sie sich denn von dem großen Bauwerk und schlugen eine Straße ein, die Corinnas „Gefühl" nach weiter ins Innere der Stadt führen mußte.

Die Straße war schmal und für Fahrzeuge gesperrt. So konnten sie geruhsam in der Mitte gehen, wie es all die anderen Fußgänger, die gleich ihnen hier ab- und zuwanderten, auch taten. Hier waren sie urplötzlich aus der Welt der alten Römer wieder in die modernste Gegenwart zurückgekehrt. Strahlend beleuchtete Schaufenster lockten rechts und links mit den Auslagen modischer Dinge, mit Schmuck, Kleidern, Wäsche und Kunstgegenständen, und nur der Gedanke an Marks mangelndes Interesse für derlei „Weiberkram" konnte Corinna abhalten, an jedem dieser herrlichen Schaufenster stehenzubleiben.

Lebhaftes Treiben herrschte. Halb Verona schien durch diese Straße zu schlendern, schwatzend, ohne Hast, heiter dem Vergnügen eines kleinen abendlichen Stadtbummels hingegeben.

Die helle Straße endete, und unvermutet fanden sich die Geschwister auf einem langgestreckten, von hohen Häusern und Türmen umstandenen Platz, über dem eine unerwartete Stille lag. Mit einem Mal war der Strom der Lustwandelnden versiegt, es war nun beinahe, als seien sie beide die einzigen, die in der Stadt noch wachten. Niemand ging über diesen Platz, niemand schritt an den mit Arkaden geschmückten, altertümlichen Häusern entlang oder unter den dunkel gähnenden Torbogen hindurch in weitere verlassene Gassen hinein. Es war deutlich, daß sie nun aufs neue in eine andere Welt, ja, in ein anderes Zeitalter hineingeraten waren. Die ganze Mitte des langen Platzes nahmen seltsam hockende, grauweiße Gebilde ein, die, unregelmäßig in ihren Formen, fast wie schlafende Ungeheuer wirkten. Erst als Corinna und Mark zwischen ihnen hindurchgingen, merkten sie, um was es sich hier handelte. „Das sind sicher Marktstände. Die haben sie für die Nacht mit Leinwand überspannt."

Mitten zwischen den grauen Rücken der schlafenden Leinwandtiere plätscherte verlassen ein Brunnen mit einer antik wirkenden Frauenfigur darauf, die eine Krone auf dem Haupt trug. Eine Madonna? Eine Göttin? Corinna und Mark konnten die Figur nicht erraten.

Sie begannen allmählich, sich müde zu fühlen. Als eine Uhr von einem der hohen Türme herab zu schlagen begann, gähnte Mark herzhaft. „Du, wenn mich nicht alles täuscht, haben wir schon Mitternacht."

„Na, und?" fragte Corinna und riß sich mit einem Ruck zusammen. „Muß man denn jede Nacht seines Lebens schlafend verbringen? Da wuselten doch eben noch genug Leute um uns herum. Die liegen ja auch nicht in den Betten."

„Aber hier wuselt niemand mehr! Hier schläft alles."

„Um so besser. Da können wir uns viel ungestörter umschauen: Hier sind wir also sichtlich im Mittelalter angelangt. Und dazu die Nacht und die Stille – alles wie verwunschen."

Durch einen Torbogen gelangten sie wieder auf einen Platz, der aber fast wie ein großer Innenhof wirkte, denn er war glatt gepflastert und von streng gegliederten, zinnengekrönten Gebäuden rings umschlossen. Auch hier schien noch etwas von römischem Ordnungswillen wirksam zu sein, aufgelockert jedoch durch die zarte Anmut schlanker Säulen und reizvoller Verzierungen. Ob das nun schon Renaissance oder noch Mittelalter war?

In der Mitte des Platzes ragte auf einem Sockel eine steinerne Statue auf, die sie zuerst für eine weibliche Gestalt hielten. Aber dann, als sie sich ihr näherten, behauptete Corinna, daß es sich um Dante handle.

„Das kannst du doch in der Düsternis gar nicht erkennen", wandte Mark ein.

Aber Corinna bestand auf ihrer Meinung. „Klar ist das Dante. Ich erkenne ihn an seiner langen Nase."

„So wie unsere ‚Tante' mit dem grünen Hut?"

„Ganz anders. Es gibt die verschiedenartigsten langen Nasen auf der Welt, Mark."

„Wie weise!"

Nun gähnte auch Corinna. „Am liebsten würde ich mich hier auf dem Sockel niederlassen, meine Amaryllis herausholen und dem Dante etwas vorflöten."

„Bloß nicht", sagte Mark. Unwillkürlich warf er einen Blick zu den Fenstern der Häuser empor.

„Hier wohnt doch keine Seele", meinte Corinna, aufs neue gähnend. „Und dem Dante würde es bestimmt Freude machen. Stell dir vor: Hier immer so steinern und allein stehen zu müssen!"

„War er denn Musiker?"

„O Markus!" Corinna schickte einen verzweifelten Blick zum Nachthimmel empor. „Dichter! Das ‚Inferno' hat er geschrieben! Das solltest du aber wirklich wissen."

„Inferno heißt Hölle oder so, nicht wahr? Nein, danke, dafür habe ich keinen Sinn. Und jetzt wollen wir mal weitergehen, ja?"

Also gab Corinna ihren Plan auf und schulterte wieder den Beutel. Sie hatte, als sie jetzt quer über den Platz gingen, das seltsame Gefühl, als ob das Pflaster unter ihren Füßen ganz leise zu schwanken begänne. Auch die alten Paläste um sie her standen nicht mehr richtig still, sondern schienen sich einmal ein wenig auf die eine, dann wieder auf die andere Seite zu neigen.

Corinna fuhr sich über Stirn und Augen, aber die Erscheinung ließ sich nicht wegwischen. Auch ihre Knie fühlten sich weich wie Watte an.

Ringsum wurde es heller. Der Mond war heraufgekommen, sein Licht mischte sich mit der rötlichen Straßenbeleuchtung. Ein Gewirr seltsamer kleiner Bauten tauchte vor den Geschwistern aus der Nacht; Zacken, Spitzen, steinerne Figuren und luftige Säulchen schienen mit einem eisernen Gitterzaun, mit unregelmäßigen Hauswänden und kleinen Türmen ein unentwirrbares Durcheinander zu bilden, das der bläuliche Mondschein durchwob und noch verwirrender machte.

Corinna und Mark versuchten durch die Gittertür zu spähen, die den seltsamen Gebäudekomplex abschloß.

„Was soll das bloß darstellen?" fragte Corinna leise und fuhr sich wieder mit der Hand über die Stirn. „Es hat irgend etwas von einem Friedhof an sich – wie Grabdenkmäler – aber sonderbare . . ." Sie griff in das Gitter und hielt sich daran fest, denn das Schwanken des Bodens wurde geradezu beängstigend.

„Eine wirre Angelegenheit jedenfalls – ganz schwindelig wird einem hier", murmelte Mark.

„So? Dir auch? Das ist mir ein Trost." Ans Gitter gelehnt blickte Corinna zu dem steinernen Standbild eines Reiters auf, das über einem der Giebel in den grünblauen Himmel hinaufragte. Der Reiter saß auf einem seltsam geformten Pferd, hielt irgendeine Waffe in der Hand, und im Mondschein sah es aus, als grinse er höhnisch auf die beiden nächtlichen Besucher herab.

„Guck mal, wie der lacht! Grinst der über uns? Sind wir so komisch? Wer das wohl ist? Am Ende der Tod persönlich?"

Mark zog Corinna am Ärmel. „Komm weg!" sagte er.

„Hast du Angst vor dem Tod, Markus Aurelius? Das sollte einer, der aus der Römerzeit stammt, niemals haben." Corinna unterbrach sich, nahm die Hand vom Gitter und gähnte. „Ach, Mark, um die Wahrheit zu sagen, ich bin hundemüde!"

‚Meinst du, ich nicht?' hätte Mark gern gesagt. Aber er unterdrückte die Worte mannhaft. „Komm!" wiederholte er nur.

„Am liebsten würde ich mich irgendwo hinsetzen und einschlafen", murmelte Corinna.

„Nicht hier!"

„Nein, nicht beim Tod." Und schwankend vor Müdigkeit tappten sie weiter.

Ihre Schritte hallten auf dem Steinpflaster. Gassen taten sich auf und versanken wieder, dunkle Torbogen, mondbeschienene Höfe, Säulen, strenge Hausfronten, alles wechselte vor ihren Augen, war da und gleich darauf verschwunden, schwankte auf sie zu und trat von ihnen fort in unberechenbarem Wechsel.

Dann standen sie mit einem Mal in einer offenen Halle. Von der Decke herab hing eine Laterne, in der eine trübe Birne brannte. Im matten Schein sahen sie, daß an den Wänden steinerne Bänke standen. Auf einer von ihnen lag eine Frau in buntgemüstertem Kleid, sie hatte die Beine auf die Bank heraufgezogen und schnarchte leise.

Corinna und Mark setzten sich in die dunkelste Ecke möglichst weit von der Schläferin entfernt auf eine der Bänke nieder. Corinna seufzte erleichtert auf, als sie saß. „Hier kann man schlafen", flüsterte sie.

Trotz seiner eigenen Müdigkeit wagte Mark doch einen schwachen Einspruch. „Nein, das geht nicht. Das ist ja hier beinahe wie auf der Straße!"

„Natürlich geht es. Siehst du doch." Corinna wies zu der Schnarchenden hinüber. Sie drängte Mark mit sanfter Gewalt zur Seite und zog die Füße auf die Bank herauf. „Ich werde hier schlafen und damit fertig! Die Bank ist gar nicht kalt – bloß hart", setzte sie dann allerdings noch schläfrig hinzu, während sie ihren Mantel zusammenknüllte und ihn sich unter den Kopf stopfte. Dann lag sie mit angezogenen Knien befriedigt auf der Seite. „Gute Nacht, Mark", murmelte sie undeutlich in sich hinein, „ich bin tatsächlich so müde, daß ich . . ."

Das weitere war nicht mehr zu verstehen. Und nach wenigen Augenblicken verkündeten gleichmäßige Atemzüge, daß Corinna eingeschlafen war.

Mark setzte sich seufzend auf die benachbarte Bank nieder und nahm sich vor, über Corinnas Schlummer zu wachen.

Trotz ihres harten Lagers schlief Corinna tief und fest. Und sie hatte nicht die geringste Lust, sich stören zu lassen, als irgendwann eine Hand an ihrem Arm rüttelte und eine Stimme unverständliche Worte zu ihr sagte.

„Ach, laß mich in Ruh", brummte sie und versuchte, sich ein Stück ihres Mantels übers Gesicht zu ziehen, denn ein unverschämt helles Licht blendete sie sogar durch die geschlossenen Lider hindurch.

„Aber so wachen Sie doch, Signorina, bitte!" sagte eine weiche Stimme dicht bei ihr.

„Was ist denn?" Sie öffnete halb die Augen und sah verwundert in ein dunkles Männergesicht, das ein kleiner Schnurrbart über der Oberlippe zierte.

„Nicht schlafen hier", fuhr die Stimme in überredendem Ton fort, „ist nicht gut schlafen auf harte Bank . . ."

Nun riß Corinna die Augen doch auf. Die Gestalt, die vor ihr stand, war seltsamerweise schneeweiß. Ein Engel am Ende?

Corinna wußte sogar im Halbschlummer, daß sie in Italien war. Und in Italien mochte alles möglich sein. Der Tod ritt hoch vor dem Himmel dahin, und ein weißer Engel mit Schnurrbart sagte ihr, daß hier nicht gut schlafen sei, was übrigens gar nicht der Wahrheit entsprach.

„Ich schlafe hier sehr gut", protestierte sie störrisch.

„Aber Sie dürfen hier nicht schlafen. Ist öffentliche Ordnung", erklärte die weiche Stimme geduldig.

„Ach je! Gibt's so etwas in Italien auch? Das hätte ich nicht gedacht." Corinna setzte sich gähnend auf. Die weiße Gewandung des Engels hatte entschieden etwas von einer Uniform an sich, und das Licht stammte aus einer Blendlampe, die er in der Hand hielt.

Ein Polizist? Schade, ein Engel wäre mir lieber gewesen, dachte sie. „Aber andere Leute schlafen doch auch hier", wandte sie ein, während sie die Füße von der Bank herabgleiten ließ.

Doch der Blick, den sie zum Ende des Raumes hinüberschickte, traf nur auf leere Bänke. Die Frau im geblümten Kleid war verschwunden. Nur auf der nächsten Bank lag ein igelgleich zusammengerolltes Etwas, das sich nicht rührte.

Die Augen des Polizisten waren Corinnas Blick gefolgt. ,,Diese junge Mann gehört zu Ihnen? Sie sind Deutsche? Sie müssen gehen in Hotel, ist besser zu schlafen dort'', seine dunklen Augen glänzten sie aufmunternd an.

Aber Corinna schüttelte den Kopf. Es kam jetzt doch so etwas wie ein Gefühl der Beschämung über sie. ,,Kein Geld'', murmelte sie. Sie öffnete die Hände und sah verlegen lächelnd zu dem Polizisten auf. ,,Non moneta!''

,,Oh!'' Er zog die Stirne nachdenklich in Falten. ,,Dann ich Sie werden bringen in Convento'', rief er aber gleich darauf lebhaft aus. ,,Sie kommen mit! Sie werden schlafen in gute Bett, kommen Sie nur!''

,,Was ist das: Convento?'' fragte Corinna mißtrauisch.

,,Monache. Ich nicht kann sagen das in deutsche Sprache. Monache. Sehr gute Frau – heilig – viel Gebet – werden geben Sie Bett – gute Bett – wird nicht kosten viel.''

,,Ach, in ein Kloster wollen Sie mich bringen? Und mein Bruder?''

,,Bruder kommt auch mit. Aufwachen, junge Mann!''

War es schon keine Kleinigkeit gewesen, Corinna aus dem Schlaf zu holen – Mark aufzuwecken war noch viel schwieriger. Endlich gelang es aber den vereinten Bemühungen Corinnas und des Polizisten, ihn wenigstens auf die Beine zu stellen, wenn er auch mit ganz glasigen Augen um sich blickte und behauptete, er müsse morgen früh in die Schule, und dann habe er nicht ausgeschlafen.

Auf der Straße gesellte sich ein zweiter Polizist zu ihnen. Er war so freundlich wie der erste und trug sogar Corinnas Köfferchen und Marks blauen Rucksack.

So stolperten sie, von den Polizisten geleitet, durch einige dunkle Gassen. Dann wurde an irgendeinem Tor Sturm geläutet, aufgeregte Stimmen riefen, eine kleine Nonne mit stillem, lieblichem Gesicht unter einer dunklen Riesenhaube erschien und zog Corinna mit sich. In einem großen Zimmer standen viele Betten und in eins von ihnen sank Corinna gleich darauf mit zufriedenem Seufzer, murmelte: ,,Weicher als die Bank ist es schon, da hat der Engel recht gehabt", und schlief dann gleich wieder ebenso tief und fest wie zuvor.

San Quirino

,,In Verona ist Sonne!" rief Corinna. Sie stand auf der Straße und reckte die Arme zum Himmel empor, der morgenklar und wolkenlos auf sie herunterlachte.

Mark beugte sich über seine Kamera und antwortete nicht.

,,Willst du eine Aufnahme machen? Die erste in Italien?" fragte Corinna. ,,Da mußt du dir einen würdigen Gegenstand aussuchen, mich zum Beispiel. Guck, ich habe zu Ehren der Veroneser Sonne mein schönes Kleid angezogen!"

Aber Mark sah gar nicht auf. Er würdigte Corinnas ,,schönes" Kleid, das grün und weiß gemustert war, keines Blickes. Aufmerksam prüfte er den Stand der Beleuchtung an Hand des Belichtungsmessers. Bei diesem hellen Morgenlicht, das sich in tausend schimmernden Funken auf dem ziehenden Wasser des Flusses widerspiegelte, brauchte man sicherlich nicht stark zu belichten.

Corinna und Mark standen nun am Ufer der Etsch, die in großem Bogen die Stadt Verona umfließt. Ein gutes Frühstück hatte alle Reste von Schläfrigkeit vertrieben und sie wieder bereit für neue Abenteuer gemacht.

,,Hast du auch Kaffee mit Latte gekriegt?" fragte Corinna. Mark hatte im Pförtnerhaus des Klosters geschlafen und auch dort gefrühstückt. ,,Latte heißt Milch, wenn du das etwa nicht wissen solltest. Meine italienischen Kenntnisse haben Fortschritte gemacht. Ich habe mit den Nonnen ein langes Gespräch geführt, und wir haben uns gut verstanden. Daß danke – grazie heißt, weiß ich jetzt, und bitte – prego oder per favore."

Ein zweirädriger Karren kam um die Ecke gerollt, der von einem kleinen trappelnden Eselchen gezogen wurde. Corinna unterbrach sich und stürzte auf das Grautier zu.

„Ist der goldig! Den mußt du unbedingt knipsen, Mark!"

Der Besitzer des Esels, der neben dem Karren herging, hielt an und duldete grinsend, daß Corinna den Esel streichelte.

Mark betrachtete sich kritisch die Szene im Sucher seiner Spiegelreflexkamera. „Goldig ist er zwar nicht, sondern grau", bemerkte er, „aber – na ja – bleib mal in der Stellung!" Und so wurde „Corinna mit dem Esel" die erste Aufnahme Marks in Italien.

„Was machen wir nun?" fragte Corinna, als das Grautier weitergetrappelt war.

„Wollten wir nicht nach Ravenna?"

„Natürlich – aber – ich bin dafür, daß wir uns erst Verona bei Tag angucken, und dann – paß mal auf, Mark, ich habe nämlich eine großartige Idee!"

„Ach." Mark blinzelte mißtrauisch.

„Ja – denk mal – die Nonnen haben nämlich doch Geld gewollt, das habe ich deutlich gemerkt. Die eine von ihnen hat im Hintergrund immer so bedeutungsvoll mit einer Opferbüchse geklappert. Da habe ich nicht anders gekonnt und habe ihnen etwas gegeben."

„Hattest du denn was?"

„Ja, die fünfhundert Lire von der Frau aus Innsbruck."

Mark pfiff durch die Zähne. „Und das Paket?"

„Das ist eben meine Idee. Auf dem Päckchen steht ja ‚San Quirino, Lago di Garda' als Anschrift angegeben. Der Gardasee liegt gar nicht weit von hier, sagen die Nonnen. Und dieses San Quirino ist ganz leicht erreichbar, da kann man mit dem Omnibus hinfahren. Wären wir nicht rechte Trottel, wenn wir das Päckchen bis Ravenna mitschleppen würden, statt es einfach hier bei der Contessa-Großtante abzugeben?"

Mark überlegte. „Du – ich weiß nicht. Erstens haben wir kein Geld für den Omnibus."

„Wir fahren natürlich per Anhalter."

„Zweitens wollten wir doch so schnell wie möglich nach Ravenna."

„Ach, da kommen wir immer noch früh genug hin. Übrigens ist Ravenna von hier gar nicht so nahe, wie wir dachten. Das ist weit, sagen die Nonnen. So etwa zweihundert Kilometer."

„Um so mehr Grund, keine Zeit zu verlieren."

,,Um so mehr Grund, das lästige Päckchen nicht den ganzen Weg mitzuschleppen."

,,Aber der Absender aus Ravenna?"

Corinna lachte in sich hinein. ,,Du hast gestern gesagt: Wer weiß, was hinter der Großtante steckt! Um ganz ehrlich zu sein: Gerade darum reizt es mich zu sehen, was für ein Gesicht sie macht, wenn wir ihr das Päckchen unter die Nase halten. Und möglicherweise spendiert uns die Contessa sogar ein Mittagessen – ich wüßte nämlich nicht, woher wir sonst eins kriegen sollten."

,,Möglicherweise bietet sie uns auch noch ihren Luxuswagen zur Fahrt nach Ravenna an", spottete Mark.

,,Wer weiß? Jedenfalls meine ich, wir sollten den kleinen Umweg nicht scheuen. Oder hast du etwa Angst, daß wir dort in eine Räuberhöhle geraten könnten?"

,,Quatsch. Aber im Sinne deiner Freundin aus Innsbruck handeln wir sicher nicht, wenn wir hingehen. Und gerade du warst doch so rührend davon überzeugt, daß sie ein Engel ist und daß man alle ihre Anweisungen genau befolgen müsse."

Corinna kniff ein Auge zu. ,,Und gerade mir sind jetzt eben auch Zweifel gekommen, geliebter Bruder. Kümmere dich nicht um mein Geschwätz von gestern!"

,,Gott schütze dich!" Mark schüttelte ergeben den Kopf. ,,Also gut, mir soll's recht sein. Rücken wir der Großtante auf den Leib und studieren wir ihr erstauntes Antlitz, wenn sie überhaupt existiert und wenn sie nicht . . ."

,,In Wirklichkeit ein mordlustiger Gangsterhäuptling ist", ergänzte Corinna lachend.

Der Morgen strahlte in Glanz und Frische. Sie waren im Wunderland Italien, und Abenteuerlust und Verheißung schienen in der Luft zu liegen. Mark mußte sich eingestehen, daß auch ihn der Gardasee und San Quirino unwiderstehlich anzogen.

So wanderten sie durch die Stadt. Sie gelangten wieder zu jener Ansammlung seltsamer Monumente, die ihnen in der Nacht einen solch unheimlichen Eindruck gemacht hatten. Jetzt sahen sie, vom Sonnenlicht überleuchtet, etwas harmloser, aber doch nicht weniger sonderbar aus.

Ein deutscher Tourist erklärte ihnen dann, daß es sich tatsächlich um Grabmäler handle. Die Sarkophage der Scaliger, der einstigen Herrscher von Verona, waren hier aufgebaut, und das Standbild des Reiters über dem Giebel, das Corinna gestern abend mit seinem Grinsen erschreckt hatte, stellte Can Grande, den bedeutendsten dieser Herrscher und Beschützer Dantes dar.

Er grinste übrigens noch immer, und Corinna und Mark trennten sich leicht von seinem Anblick, um das Haus der Julia aufzusuchen – der berühmten Julia aus Shakespeares „Romeo und Julia", von dem der Tourist ihnen erzählt hatte. In einem hübschen Hof bestaunten sie den Balkon, von dem einst Julia zu ihrem schmachtenden Romeo hinabgelächelt hatte, stellten dann aber einmütig fest, daß sie sich aus Liebespaaren grundsätzlich nichts machten, und kehrten auf den Marktplatz zurück, dessen Stände jetzt Waren aller Art zur Schau stellten.

Sie bewunderten die mächtige Burg der Scaliger und guckten von einer zinnenbewehrten Brücke aus rotem Backstein in den Fluß hinab. Mark machte ein paar Aufnahmen, und nachdem sie noch die uralte Kirche von San Zeno besichtigt und fotografiert hatten, fragten sie sich zum Beginn der Ausfallstraße, die an den Gardasee führt, durch und stellten sich dort auf.

Es war inzwischen schon recht heiß geworden, und Corinna redete immer wieder sehnsüchtig von dem kühlen Bad, das sie heute noch erwarte.

„Erst müssen wir ein Auto kriegen, Corinna!"

„Werden wir schon. Warum denn nicht?"

Mark seufzte. „Wenn das die Eltern wüßten, daß wir hier Anhalter spielen, noch dazu in einem fremden Land. Mutter würde Kopf stehen. Sie würde sagen, daß wir uns wie Bettler benehmen und unsere Heimat in Verruf bringen."

„Gut, daß sie's nicht weiß!" meinte Corinna leichthin. „Übrigens werden wir nur deutsche Wagen anhalten!"

Nachdem aber drei Wagen mit deutschen Kennzeichen vorbeigefahren waren, ohne sich um Corinnas Winken zu kümmern, wurde sie zornig und erklärte ihre Landsleute allesamt für hochmütige Rohlinge.

„Da kommt ein italienischer Wagen; jetzt wink ich dem!"

Der italienische Wagen hielt. Corinna und Mark zögerten, als sie sahen, daß außer dem Fahrer niemand darin saß. Aber der Mann am Steuer machte einen so vertrauenerweckenden Eindruck, daß sie dann doch seiner Einladung folgten und in den Wagen krochen, der sogleich wieder anfuhr und in einem wahren Höllentempo die lange, gerade Straße hinabjagte.

Corinna und Mark hatten Glück. Bei ihrem Fahrer handelte es sich um einen italienischen Arzt, der gut Deutsch sprach und mit dem sie sich glänzend unterhielten. Er fuhr sie sogar noch über sein eigenes Fahrziel hinaus, immer am See entlang, bis nach San Quirino, das ihm wohlbekannt war.

„Kennen Sie dort vielleicht eine Contessa Mariana Grazzona?" fragte Corinna gespannt.

„Natürlich. Die alte Contessa. Wohnt fast das ganze Jahr draußen."

„Ist die alte Dame wirklich schon neunzig?"

„Ich glaube, sie wird es nächstens."

Also – das stimmte! Corinna und Mark sahen einander an.

„Schauen Sie, wie blau das Wasser ist! Es ist schön hier, nicht wahr?"

„Wunderschön! Da drüben die zackigen Berge! Und die grauen Abhänge mit den Zypressen! Einfach märchenhafte Farben!"

Der Arzt lächelte befriedigt und setzte Corinna und Mark am Eingang einer Zypressenallee ab, die zum See hinabführte. Dann wendete er und brauste davon, während die Geschwister ihm dankbar nachwinkten.

„Riesig nett", sagte Corinna. „Die Leute hier sind wirklich alle bezaubernd. Und die Gegend auch." Sie wies auf die Zypressen, die sich feierlich und dunkel vor dem lichten Hintergrund von Sonne und Seeblau aufreckten. „Hättest du sowas für möglich gehalten, Mark? So habe ich mir Italien vorgestellt – genauso – aber ich hätte nie gedacht, daß es tatsächlich so ist."

Diesmal vermied es Mark ausnahmsweise, Corinna auf die Unlogik ihrer Worte aufmerksam zu machen. Auch ihn ergriff die feierliche Schönheit der uralten Baumriesen, zwischen denen sie hingingen.

„Jetzt bin ich nur gespannt, was für ein Gesicht die Großtante macht. Aber weißt du, was ich habe? Hunger – und zwar nicht zu knapp. Hoffentlich spendiert uns die Frau Contessa ein Mittagessen."

Mark bewegte unbehaglich die Schultern. „Ich finde das gräßlich, so als Bettelleute aufzutreten."

„Ich auch. Aber Hunger habe ich trotzdem. Vielleicht hätte ich doch besser meine zwanzig Mark mitgenommen . . ."

Die Allee endete vor einem großen Gitter, das ebenso feierlich wirkte wie die Reihen der Baumriesen. Jenseits lag ein Park mit Kieswegen, Rasenflächen und fremdländischen Bäumen; im Hintergrund sahen sie ein großes Haus, zartrosa getüncht, mit langen Fenstern, deren Läden geschlossen waren, mit einer säulengetragenen Vorhalle und flachem, von Steinfiguren überragtem Dach.

„Hui!" Corinna schnalzte mit der Zunge. „Die Contessa wohnt vornehm. Ein richtiges Schloß!"

Sie gingen am Gitter hin bis zu einem großen Tor. Mark zögerte, aber Corinna packte entschlossen den Griff des altmodischen Klingelzugs und riß daran. Irgendwo schepperte blechern eine Glocke in die Stille.

Unweit des Parktors sahen sie zwischen Oleanderbüschen ein kleineres Haus. „Dort wohnt sicher der Pförtner", meinte Corinna. „Vielleicht schläft er gerade."

Sie läutete nach einer Weile aufs neue. Doch wieder verklang das blecherne Bimmeln anscheinend ungehört. die ganze Welt ringsum schien unter dem heißen Glast der Sonne in Schlaf gefallen.

„Mittagsruhe", sagte Mark. „Versuchen wir's später wieder."

Aber Corinna schüttelte den Kopf und riß zum drittenmal, noch energischer als zuvor, am Klingelzug.

Dann lauschten sie. Wahrhaftig, jetzt knirschten Schritte über den Kies heran. Von dem kleinen Haus her kam ein Mann geschlurft. Er blieb in einiger Entfernung stehen und betrachtete die beiden hinter dem Gitter, ohne etwas zu sagen.

„Prego – wohnt hier die Contessa Mariana Grazzona?" fragte Corinnas helle Stimme in das wunderlich drückende Schweigen hinein.

Der Mann antwortete nicht, starrte nur.

„Contessa Grazzona?" wiederholte Corinna sehr laut. Vielleicht war der Mann taub.

Jetzt nickte er zögernd.

„Ist sie zu Hause? E–é–ecco?" Corinna suchte verzweifelt nach den paar italienischen Brocken, die ihr Gedächtnis barg. „E – a casa – Contessa Grazzona? Paketo – capito?" würgte sie hervor.

„Zeig ihm doch das Päckchen!" wisperte Mark neben ihr.

Aber Corinna warf ihm nur einen ärgerlichen Blick zu. „Ja–damit er mir's abnimmt und dann Schluß ist, was? Nein, kommt nicht in Frage", flüsterte sie zurück. Dann richtete sie sich straffer auf. „Wir – möchten – die – Contessa selbst sprechen", sagte sie sehr laut und langsam, jedes Wort betonend.

In diesem Augenblick nahte Hilfe. Ein leichter Schritt wurde hörbar, und zwischen den Büschen tauchte eine hellgekleidete weibliche Gestalt auf. „Bittschön – was gibt's denn?" fragte eine Stimme auf deutsch mit unverkennbar österreichischem Beiklang.

Corinna atmete auf. „Ach bitte, wir wollten fragen, ob Frau Contessa Grazzona zu Hause ist. Wir möchten ihr etwas bringen."

Die Frau trat heran. Die Gestalt in dem hellen Kleid wirkte jugendlich, doch als sie näher kam, zeigte es sich, daß das sorgfältig zurechtgemachte Gesicht mit den diskret geschminkten Lippen über die erste Jugend doch schon ziemlich weit hinaus war. Kupferrotes Haar leuchtete in der Sonne. Die Frau lächelte Corinna fragend an. „Was bringen S' denn, Fräulein? Schickt Sie jemand her, bitt schön?"

„Ja. Ich habe ein Päckchen für die Frau Contessa. Ist sie daheim?"

Die Dame im Garten warf dem mürrischen Pförtner ein paar italienische Worte zu, und nun setzte er sich tatsächlich in Bewegung und öffnete das Tor.

Die Geschwister traten ein. „Ich heiße Corinna Montanus, und dies ist mein Bruder Mark. Können wir die Frau Contessa sprechen?"

Die Dame mit den roten Haaren schüttelte bedauernd den Kopf. „Tut mir leid, Fräulein, die alte Dame schläft. Sie ist bald neunzig, da verstehen S' wohl, daß man sie nicht stören darf, gelt?"

Komisch, dachte Corinna, sie spricht genau wie unsere sogenannte „Tante" aus Innsbruck. Macht das nur der österreichische Tonfall? Aber es ist auch die gleiche Stimme! Und sie sieht ihr überhaupt ähnlich. Das Gesicht wirkt zwar jünger und hübscher, und das Haar ist viel röter – aber sonst – die Nase ist jedenfalls genauso lang und spitz. . .

„Gelt, das verstehen S'" wiederholte die Dame eindringlich. „Seien S' darum so gut, Fräulein Montanus, und geben S' mir Ihr Packerl, gelt? Ich bin die Hausdame der Contessa. Theresa Barghelli ist mein Name. Ich werd's ihr überreichen, wenn sie aufwacht."

Zögernd holte Corinna das Päckchen aus Konstantins Innerem hervor. Aber kaum hatte die Hausdame einen Blick darauf geworfen, als sie einen kleinen Schrei des Erstaunens ausstieß. „Da schau her!" Sie nahm Corinna das Päckchen hastig aus der Hand.

Der mürrische Pförtner war nähergetreten. Corinna sah, daß auch er das kleine Paket betrachtete. Der schläfrige Ausdruck in seinem Gesicht war verschwunden, und in seinem Blick stand jetzt wache Aufmerksamkeit.

Aber die Dame fuhr plötzlich zu ihm herum und überschüttete ihn mit einem raschen italienischen Redestrom, von dem Corinna kein Wort verstand. Da drehte er sich langsam um und tappte auf das Pförtnerhaus zu.

Theresa Barghelli wandte sich lebhaft wieder an Corinna.

„Nun sagens S' mir nur, liebes Fräulein, wie sind S' denn zu dem Ding da gekommen? Wer hat's Ihnen gegeben?"

„Eine Dame, die wir in Innsbruck trafen. Auf dem Bahnhof hat sie mir's anvertraut. Sie hatte hierher reisen wollen, aber dann kam im letzten Moment etwas dazwischen. Leider weiß ich nicht mal ihren Namen. Aber sie hatte ein bißchen Ähnlichkeit mit Ihnen."

Theresa Barghelli lächelte etwas gezwungen. „Meine Schwester vermutlich", sagte sie. „Da schau her – es ist also etwas dazwischen gekommen. Hat s' Ihnen denn sonst nix mitgegeben, kein Brieferl, keinen Gruß an mich? Hat s' gar nix sagen lassen?" Frau Barghelli sah Corinna aufmerksam ins Gesicht. Auch ihre Augen waren klein, hellgelb und leuchtend – genau wie Katzenaugen, dachte Corinna.

Corinna wurde ein bißchen verlegen. „Ja – ich hatte erzählt, daß wir nach Ravenna fahren wollten, mein Bruder und ich, und da hat Ihre Frau Schwester gemeint, wir sollten das Päckchen dort auf die Post geben. Aber nun haben wir doch in Verona Station gemacht, und da dachten wir, es sei gescheiter, wir brächten es gleich selber her."

„Ganz recht, ganz recht." Die Hausdame nickte.

Sehr erfreut schien sie nicht zu sein, aber sie zwang sich doch wieder zu einem Lächeln.

„Die Contessa hat in einigen Tagen Geburtstag. Da werde ich das Packerl schön aufheben und ihr dann präsentieren. Wird die liebe alte Dame eine Freud' haben! Und Sie beide sind extra von Verona herausgekommen deswegen? Das war lieb von Ihnen!" Das Lächeln wurde immer süßer, es erinnerte jetzt sehr stark an das der Schwester aus Innsbruck. „Ganz müde schauen S' aus. Da müssen S' Ihnen doch ein bisserl ausruhen und stärken, und der Herr Bruder auch. Treten S' näher, wenn's beliebt! Die Frau Contessa dürfen wir zwar leider nicht stören, aber wenn S' vorlieb nehmen wollen?" Theresa Barghelli führte die Geschwister zum Pförtnerhaus.

Gleich darauf saßen sie dort unter einem von Weinlaub umrankten Vordach, und der mürrische Pförtner stellte bunte Teller, Brot, Butter, Früchte und zwei gefüllte Kannen vor sie hin, ohne die Gäste dabei allerdings auch nur eines Blickes zu würdigen.

Doch das kümmerte Corinna und Mark wenig. Sie lachten einander vergnügt an. „Siehst du wohl!" murmelte Corinna zufrieden.

Die Hausdame war davongehuscht, nachdem sie sich vergewissert hatte, daß die Geschwister gut bedient waren.

„Machen S' Ihnen nichts draus, wenn unser Pförtner ein bisserl finster dreinschaut", hatte sie noch gesagt. „Er ist halt maulfaul und brummig – kannst nix machen. Sie beide sprechen kein Italienisch, wie?"

„So gut wie gar nicht – leider."

„Verstehen auch nix? Na, und er kann kein Deutsch. Da hätten S' sowieso Schwierigkeiten mit der Unterhaltung g'habt." Die Hausdame kicherte. „Also Sie entschuldigen mich ein Momenterl, gelt? Ich bin gleich wieder da."

Corinna und Mark vermißten die Unterhaltung der betulichen

Dame ebensowenig wie die des „maulfaulen" Pförtners. Sie widmeten sich mit Vergnügen der ländlichen Mahlzeit. Corinna ergriff kühn die eine der Kannen, die roten italienischen Landwein enthielt, und goß die Gläser halbvoll. Nachdem sie noch reichlich Wasser aus dem zweiten Krug zugefügt hatte, stieß sie mit Mark an: „Auf unsere Abenteuer, Markus Aurelius!"

Nach einiger Zeit kam die Hausdame zurück und setzte sich zu ihnen. Sie wollte ihnen immer wieder Wein einschenken und lachte über ihre Ablehnung.

„Man wird bloß schläfrig", erklärte ihr Corinna, „und ich mag in einer so schönen Gegend nicht schläfrig werden. Da will ich offene Augen haben und alles sehen und genießen."

Ob sie das erste Mal in Italien seien, fragte Theresa Barghelli. Sie stellte überhaupt eine Menge Fragen, und Corinna erzählte von ihren Erlebnissen und Plänen, wenn auch etwas zurückhaltender als sonst, denn sie sah Marks wachsame Augen auf sich gerichtet und mochte sich nicht noch einmal dem Vorwurf allzugroßer Offenherzigkeit aussetzen.

„Und jetzt fahrt ihr also nach Ravenna? Von Verona aus mit dem Zug?" fragte die Dame schließlich.

„Nein, dazu reicht unser Geld leider nicht. Wir wollen Autos anhalten und sehen, daß wir auf diese Art weiterkommen."

Frau Barghelli schlug die Hände zusammen. „Jesus Maria! Im fremden Land mit fremden Autos fahren, das tät ich aber nicht riskieren. Erlauben das denn eure Eltern? Mögen s' das leiden?"

„Nein, sie sind gar nicht dafür. Aber was sollen wir machen?"

Die Dame schien sich zu besinnen. „Ihr könntet vielleicht mit unserem Wagen mitfahren. Der Chauffeur muß sowieso heut nach Ravenna – der könnt euch mitnehmen, wenn ihr wollt."

Corinnas Fuß berührte Marks Schienbein unter dem Tisch. Mark verzog unwillkürlich das Gesicht, denn die Berührung war etwas unsanft ausgefallen. Corinnas Augen aber strahlten.

„Das wäre ja herrlich!" rief sie.

So wurde die Sache ausgemacht. Sie mußten noch ein wenig warten, denn der Chauffeur konnte erst in einer Stunde losfahren.

„Vielleicht könnten wir inzwischen im See baden?"

Auch das war möglich. Sie bekamen sogar zwei kleine Zimmer

des Pförtnerhauses zum Umkleiden zur Verfügung gestellt. Die Hausdame floß geradezu über vor Liebenswürdigkeit. Sie kam tatsächlich noch mit einem großgeblümten Bademantel angelaufen, den Corinna anlegen durfte.

Dann wanderten die Geschwister unter Führung einer alten Frau, die vielleicht mit dem Pförtner verwandt, auf jeden Fall aber ebenso stumm und mürrisch war wie er, durch den Park zum Strand hinunter. Sie gelangten in eine bezaubernde Bucht. Jenseits der unwahrscheinlich blauen, glatten Wasserfläche stiegen zart verschleiert die zackigen Konturen der Berge auf. Zur Linken ragten die Mauern und Zypressenhaine der Landzunge von San Quirino weit in den See hinaus. Zur Rechten erhob sich ein kahler, braungrauer Hang, dem aber die dunklen Striche vereinzelt stehender Zypressen ein eigentümliches Leben gaben.

Corinna und Mark lagen eine ganze Weile wohlig entspannt unter den Uferbäumen und genossen die mittägliche Stille, die kein Laut störte; die mürrische alte Frau hatte sich irgendwohin in den Schatten des Gartenbuschwerks zurückgezogen.

Dann aber entschloß sich Corinna, ins Wasser zu gehen. In ihrem leuchtend roten Badeanzug spazierte sie gemächlich über die Uferkiesel und pfiff dazu eine Andantestelle aus einem Flötenkonzert von Händel.

„Bleib mal stehen! So!" rief Mark. Er hockte am Boden und hielt die Kamera gezückt. Corinna hielt inne und wandte sich halb um. „Das kann prima werden – dein Rot vor dem Blau!" murmelte Mark. Dann drückte er ab.

„Fertig?" Corinna drehte sich vollends zu ihm um. „Hast du denn einen Farbfilm drin?"

„Zu vierzehn fünfzig. Wird vorerst der letzte bleiben."

„Ja, ich weiß, du seltenes Prachtexemplar von einem Menschen, hast all dein Geld für meine Fahrkarte ausgegeben." Corinna kam plötzlich zurückgelaufen, fuhr auf Mark los und packte ihn an beiden Ohren. „Du kannst sicher sein, Mark, ich vergeß dir nie, daß du das für mich getan hast."

„Hände weg, oder ich bereue es!" Mark schüttelte sich.

Corinna lachte und ließ ihn los. „Du sollst es nicht bereuen. Einmal vergelt ich dir's. Wenn ich zu Geld komme. . ."

„Du? Dazu kommst du nie. Das ist ja in unserer Familie auch gar nicht üblich. Da müßtest du schon sehr aus der Art schlagen."

„Das tu ich leider nicht. Das tut nur Sabina. Sollst sehen, die bringt's einmal zu irdischen Reichtümern."

„Und zu einem schrecklich langweiligen Mann, der sich den ganzen Tag über wie ein Wilder abschindet, um das Geld für seine anspruchsvolle Frau zu verdienen."

„So einen wollte ich nicht", rief Corinna, während sie ins Wasser hinauszuplatschen begann. „Mein Mann müßte genauso verrückt sein wie ich."

„Ich dachte, du wolltest überhaupt keinen?"

„Will ich auch nicht." Corinna tauchte unter und strampelte so heftig, daß Mark von einem Sprühregen übergossen wurde. „Ach Markus, ist das Wasser warm! Und klar!" Sie warf sich auf den Rükken und ließ sich treiben. „Schau nur mal meine Arme und Beine an! Unter Wasser sehen sie ganz weißblau aus! Die reinsten Nixenglieder! Als ob sie gar nicht zu mir gehörten."

Aber Mark gab keine Antwort mehr, denn er schwamm schon weit draußen auf die Landzunge zu und kümmerte sich nicht mehr um seine redselige Schwester.

Erst als sie später herrlich abgekühlt auf einem aus dem See aufragenden Felsblock saßen und die Beine im Wasser planschen ließen, kam Corinna wieder dazu, die Unterhaltung fortzusetzen. „Das hier wäre etwas für Mutter", sagte sie, in die Runde blickend. „Romantisch – auf eine schöne Weise altmodisch. Sie würde alles so herrlich genießen."

„Die Mittelmeerfahrt genießt sie bestimmt auch. Und ohne uns zweifellos noch mehr als mit uns. Fern vom Gedränge der lieben Familie."

„Schade, daß die Eltern nicht mal wissen, daß wir beide hier in Italien sind und es so schön haben. Wenn man ihnen wenigstens eine Karte schreiben könnte! Aber wir haben ja noch immer keine Anschrift."

„Übermorgen schreiben wir ihnen nach Palermo, postlagernd. Vati hat gesagt, daß sie da so etwa am Fünfzehnten sein werden und daß er dort nach Post fragen will."

„Zu allerletzt kommen sie mit ihrem Schiff doch nach Venedig!

Du – weißt du was? Ich habe eine Idee! Vielleicht könnten wir sie dort abholen, was meinst du? Unter uns gesagt, ich fände es eigentlich viel netter, sie wären's, mit denen wir jetzt in Ravenna zusammenkommen wollen. Aus den guten Altweilers mach ich mir nicht so übermäßig viel."

„Hm. Nett sind sie ja sehr, hilfreich und freigebig, das muß man sagen. Sie lassen einen alles tun, was man mag – anders als die Eltern – aber. . ."

„Bei uns daheim ist's immer auf irgendeine Weise spannend – es gibt ständig etwas Neues. Vati hat Sensationelles über die alten Etrusker oder die römischen Kaiser in Erfahrung gebracht, und Mutter hat eine neue Idee für einen Roman. Ich entdecke einen gänzlich unbekannten Komponisten, Sabina einen hinreißenden Kleiderstoff und du eine noch nie dagewesene Art, einen Film zu belichten. Immer gibt's etwas zu diskutieren und zu erfahren. Dagegen ist's bei Altweilers einfach langweilig. Sie streiten sich zwar nicht so viel wie wir, aber es passiert auch nichts in ihrem friedlichen Dasein."

„Du!" Mark stieß Corinna an. „Da drüben steht die Alte und winkt uns. Vermutlich ist die Stunde um."

„Oje!" Corinna platschte ins Wasser hinab. „Unser Luxuswagen wartet!"

Sie liefen zum Strand zurück und folgten der Frau, die immer wieder mit den Armen fuchtelte und „Venite! Venite!" rief.

Trotz der Eile blieb Corinna aber doch einmal stehen und faßte Mark am Arm, um ihm etwas zu zeigen. Zwischen den Büschen hindurch konnte man von hier aus gerade zur Villa hinübersehen. Vor der rosagetünchten Fassade standen unter einem Gartenschirm ein paar Korbsessel, und in einem davon saß eine kleine alte Dame. Ihr weißes Haar leuchtete herüber.

„Sollte das die Contessa sein? Dann schläft sie jetzt zweifellos nicht mehr."

Da kam die Pförtnersfrau zu den beiden zurückgelaufen. Sie fuchtelte noch heftiger mit der Hand und sah sehr böse aus. „Venite! Venite subito!" zischte sie und packte einen Zipfel des geblümten Bademantels, den Corinna trug. „Subito!" Corinna wurde einfach weitergezerrt, ob sie wollte oder nicht.

Im Pförtnerhaus wartete schon Frau Barghelli, und auch sie drängte zur Eile. ,,Der Fahrer hat in Padua noch einiges zu erledigen, und der Weg nach Ravenna ist weit."

Hastig fuhren sie in ihre Kleider. Corinna bedankte sich noch, die Hausdame wünschte ihnen eine gute Weiterreise, und gleich darauf saßen sie in dem großen, sehr luxuriösen Wagen, einem Alfa Romeo, wie Mark sogleich feststellte.

Der Fahrer schwang sich hinters Steuerrad. Er war ein breitschultriger Mensch mit kaffeebraun verbranntem Gesicht, über dem eine viel zu kleine weiße Schildmütze thronte. Jetzt wandte er sich zu seinen beiden Fahrgästen zurück, grinste freundlich, sagte ,,Avanti" und trat auf den Gashebel.

Die Hausdame winkte, und wie losgelassen schoß der Wagen aus dem Tor und die Zypressenallee hinauf.

Das Wunder des heiligen Antonius

,,Wir haben wirklich ein tolles Glück", sagte Corinna, während sie sich genießerisch in den roten Lederpolstern des Wagens zurechtsetzte. ,,Und mit dem Päckchen war also auch alles in Ordnung", setzte sie dann noch hinzu.

,,Scheint so", bestätigte Mark.

Sie sausten am Ufer entlang.

,,Diese Italiener fahren wie die Teufel", sagte Mark bewundernd. Corinna allerdings konnte sich bisweilen eines kleinen Schauders nicht erwehren, wenn der Wagen nur so um die Kurven flog, und vor allem dann, wenn der Fahrer – was er öfter tat – den Kopf drehte, um seinen Gästen ein paar Worte zuzurufen; dann glaubte sie stets, den Wagen gegen den nächsten Baum oder die nächste Mauer rasen zu sehen – aber es ging merkwürdigerweise immer wieder gut ab.

Allmählich gewöhnten sich die Geschwister an das Tempo der Fahrt. Sie wurden schließlich sogar ein wenig schläfrig und starrten traumverloren auf die vorübergleitende Landschaft.

Erst als der Fahrer, den Kopf wendend: ,,Gleich kommen nach

Padua – berühmte Stadt von heilige Antonius" – rief, fuhren sie erstaunt hoch.

„Was? Schon in Padua?"

Sie sausten durch Vorstädte, dann durch sehr belebte Straßen, die immer enger und verkehrsreicher wurden, je mehr sie sich dem Stadtinnern näherten.

Endlich hielt ihr Wagen auf einem kleinen, ruhigen Platz. Der Fahrer sprang heraus. „Kommen gleich wieder", rief er und verschwand hinter einem Tor.

Auch Corinna und Mark krochen aus dem Wagen, reckten und streckten sich und bewunderten die altertümlichen Häuser, die den Platz umstanden.

Nach einiger Zeit kam ihr Fahrer zurück. Er grinste sie freundlich an. „Ich warten; zehn Minut – dann Freund kommen." Er lehnte sich an den Wagen und entzündete eine Zigarette.

„Dann können wir uns ja noch ein bißchen hier umsehen", meinte Corinna. „Wir fortgehen – zurück in zehn Minuten", setzte sie dem Fahrer auseinander, ihre Worte mit Handbewegungen verdeutlichend.

Er nickte. „Gehen da!" Seine Hand wies nach rechts. „Kirche von heilige Antonius." Er hob und senkte beide Hände zweimal mit gespreizten Fingern. „Swansig Minut – wieder hier – dann fahren Ravenna."

„Gut." Corinna warf sich Konstantin über die Schulter, und die Geschwister zogen ab.

„Guck mal das komische Wägelchen da an", bemerkte Mark, während sie um die nächste Straßenecke bogen, und wies auf ein mattrotes Kleinauto, das vor einem „Ristorante" parkte. „Ein deutscher Wagen. Halb Deutschland scheint in Italien herumzureisen. Aus München kommt der!" Mark betrachtete das Nummernschild.

Dann schlenderten sie die enge Gasse hinab, an deren Ende sich ein heller Platz auftat. Mark öffnete die Klappe seines Kamerafutterals. „Du, mir scheint, ich habe den Belichtungsmesser aus Versehen in meinen Sack gesteckt. Ich lauf mal schnell zurück und hole ihn, ja?"

„Ist recht." Corinna ging langsam weiter, während Mark davonsauste. Die große Kirche mit Kuppeln und Türmen erhob sich in der

Mitte des sonnenüberströmten Platzes. Die Fassade war mit Säulchen und Bögen reich geschmückt. Nicht weit von Corinna ragte eine Reiterstatue auf einem Sockel in den Himmel empor. An Reitern, wenigstens an steinernen, schien es in Italien nicht zu fehlen.

Die Häuser, die den Platz säumten, hatten Markisen zum Schutz gegen die Sonne herabgelassen. Läden, Cafés, Restaurants, vor denen wiederum Tische und Stühle auf dem Bürgersteig standen.

Durst habe ich, dachte Corinna sehnsüchtig, und eigentlich auch schon wieder Hunger. In Italien scheine ich immer Hunger und Durst zu haben – ob das wohl am Klima liegt? Ich hätte eben doch meine zwanzig Mark mitnehmen und an der Grenze wechseln sollen! Schließlich eilt es ja wirklich nicht so sehr mit der Baßflöte. Dann könnten wir jetzt . . .

Da kam Mark zurück. Er war ganz atemlos vom Laufen. „Du, ich muß dir etwas erzählen – etwas ganz Sonderbares."

Corinna wandte sich ihm verwundert zu.

„Also", begann Mark, nach Luft schnappend, „ich wollte doch den Sack aus dem Auto holen, nicht wahr? Unser Chauffeur war noch da und rauchte. Das Gepäck steht vorn auf dem Sitz neben dem Fahrer, das weißt du ja. Und dabei noch eine dicke Aktentasche, die vermutlich ihm gehört – dem Fahrer meine ich – ich weiß nicht, ob du sie beachtet hast?"

„Na – und?" drängte Corinna ungeduldig.

„Paß auf! Ich wollte also den Sack herausziehen, und dabei ist aus Versehen die Aktentasche vom Sitz gefallen. Sie ging auf, und ein paar Sachen rutschten heraus. Und das erste, was ich sah – weißt du, was das war?"

„Keine Ahnung."

„Unser Paket. Das Päckchen mit dem Bild, das wir nach San Quirino gebracht haben!"

„Das kann nicht unseres gewesen sein!"

„Ganz bestimmt war es unseres. Einwandfrei! Mit derselben Aufschrift und allem. Ich hab's dann schnell mit den anderen Sachen wieder in die Tasche geschoben. Der Fahrer merkte was und kam angestürzt. Da hatte ich aber die Tasche schon wieder zugeknipst, ich stellte sie eben auf den Sitz zurück und sagte bloß, sie sei runtergerutscht." Mark hielt atemlos inne.

Corinna schüttelte den Kopf. „Hast du wirklich genau gesehen, daß es dasselbe war?"

„Kein Zweifel möglich. Nur etwas – und das ist das Verrückteste an der Sache – etwas war anders: Wir hatten doch die Schnur entzweigeschnitten und wieder zusammengeknüpft, nicht wahr? Und jetzt war sie ganz, rundum heil und nirgends mit einem Knoten versehen."

Corinna starrte den Bruder an. „Aber das ist ja Unsinn! Du kannst das alles auch gar nicht so schnell gesehen haben."

„Doch. Ich habe das Päckchen in der Hand gehabt und umgedreht, als ich's in die Tasche stopfte. Die Schnur war heil."

„Sie kann doch nicht wieder zusammengewachsen sein."

„Nein. Aber jemand kann eine neue Schnur genommen haben und eine neue Plombe."

„Aber wozu denn, um Himmels willen?"

„Weißt du, was ich mir denke?" murmelte Mark. „Vermutlich soll der Fahrer das Päckchen in Ravenna auf die Post geben. Das Ding muß unter allen Umständen den Poststempel von Ravenna kriegen. Bei dem Absender war nicht ohne Grund Ravenna angegeben."

„Kannst recht haben. Aber warum soll das wichtig sein?" Corinna schüttelte den Kopf. „Dann hat diese Hausdame das Päckchen also vor der alten Contessa verheimlicht!"

„Sie sagte ja, sie wolle es noch ‚aufheben'. Der Geburtstag ist erst in ein paar Tagen. Und da soll das Geschenk mit dem Poststempel Ravenna ankommen. Deshalb ist der Chauffeur damit losgeschickt worden. Soweit ist die Sache klar. Aber warum und wozu? Das ist mir gänzlich dunkel. Die beiden reizenden Schwestern wollen die alte Dame irgendwie einwickeln, vermute ich. Deshalb durften wir auch nicht mit ihr sprechen – deshalb schlief sie angeblich. Dabei saß sie in Wirklichkeit auf der Terrasse ..." Der sonst so schweigsame Mark redete vor Aufregung wie ein Wasserfall.

Corinna seufzte. „Vielleicht hast du recht. Dort in San Quirino dachte ich zwar, es sei alles in Ordnung. Die Hausdame heißt Barghelli, das ist derselbe Name, der als Absender auf dem Paket steht. Warscheinlich ist sie ein *Fräulein* Barghelli, und ihre Schwester auch ..."

„Auf alle Fälle wollen wir unseren Fahrer in Ravenna scharf im Auge behalten. Es würde mich doch interessieren, wie die Sache zusammenhängt.“

„Obwohl sie uns ja im Grunde gar nichts angeht ...“

Sie waren, während sie redeten, bis zu dem Reiterstandbild gelangt.

Corinna unterbrach sich. „Wenn mich nicht alles täuscht, ist das der berühmte Gattamelata von Donatello. Machst du eine Aufnahme von ihm?“

Mark tat Corinna den Gefallen. Aber seine Gedanken waren nicht bei dem Standbild des berühmten Heerführers, sondern immer noch bei dem Päckchen in der Tasche des Chauffeurs.

„Ich möcht bloß wissen, ob diese Geschichte uns weiter verfolgen wird“, brummte er in sich hinein. „Es scheint, wir können das blödsinnige Päckchen nicht loskriegen. Jetzt fahren wir mit ihm nach Ravenna!“

Corinna aber hatte keine Lust, sich weiter darüber den Kopf zu zerbrechen. „Ach, laß die Geschichte jetzt ruhen! Jetzt sind wir in Padua beim heiligen Antonius. Der interessiert mich eigentlich viel mehr. Schau, wieviel katholische Priester da über den Platz gehen! Die komischen Hüte! Lauter Don Camillos! Die gehen alle in die Kirche des heiligen Antonius und möchten sich gern einen Wunsch erfüllen lassen. Der Heilige soll in diesem Punkt besonders freundlich sein.“ Corinna seufzte schwer. „Ich hätte jetzt nur einen einzigen Wunsch: Etwas zum Trinken zu kriegen. 's ist doch eine mißliche Sache, in einem fremden Land ohne Geld herumzulaufen. Ich glaube, ich bitte den heiligen Antonius, daß er uns etwas spendiert.“

„Soviel ich weiß, kümmert er sich nur um verlorene und wiederzufindende Sachen“, sagte Mark halb geistesabwesend.

„Vielleicht läßt er uns eine Geldtasche finden, die irgendwer verloren hat.“

„Und die wir dann schleunigst zum Fundbüro bringen müssen.“

„Stimmt. Aber ich versuche trotzdem mein Heil. Komm!“

Corinna strebte auf das Kirchenportal zu. Doch Mark blickte bedenklich auf seine Uhr. „Besser, wir lassen die Kirche. Unsere Zeit ist bald um.“

„Ach geh, es reicht noch lange." Wenn Corinna sich etwas in den Kopf gesetzt hatte, war jeder Einwand sinnlos. Schon öffnete sie die schwere Pforte, und Mark mußte ihr wohl oder übel folgen.

In der großen Kirche mit all ihren Seitenschiffen und sich fortsetzenden Räumen und Hallen war es dämmrig und kühl. Die Geschwister folgten dem Strom der vielen Andächtigen und Bittsteller, der sich zum linken Querschiff hinüberzog. Dort befand sich der Sarkophag des Heiligen, und die wartenden Bittsteller legten einer nach dem anderen die Hand gegen die Marmorwand, die das Grab abschloß.

Wie selbstverständlich stellte auch Corinna sich in die Reihe. Mark stand beiseite und beobachtete ihr Gesicht, während sie die Hand an den Stein legte.

Die Montanus-Kinder waren nicht katholisch und somit nicht daran gewöhnt, ihre kleinen oder großen Sorgen zu einem hilfreichen Heiligen zu tragen. Aber Corinnas Gesicht sah jetzt so andächtig, ja beinahe entrückt drein, daß selbst der ziemlich skeptische Mark für kurze Augenblicke etwas wie ein Gefühl hoffender Gläubigkeit verspürte. Wer weiß? Am Ende ..."

Aber dann erschrak er und warf einen Blick auf die Uhr. Es war in der Tat höchste Zeit!

Er faßte Corinna, die eben wieder zu ihm trat, heftig am Arm. „Jetzt aber los! Wir dürfen keinen Augenblick mehr verlieren. Die zwanzig Minuten sind schon überschritten."

„Und wenn schon." Corinna blieb ruhig. „Bei Italienern kommt es auf eine Minute mehr oder weniger nicht an. Die haben nicht den Pünktlichkeitsfimmel wie du."

Sie traten wieder in die Hitze hinaus und überquerten, Mark immer einen Schritt voraus, den Platz. Aber als sie ein kleines Stück die Gasse entlanggegangen waren, die zu dem Parkplatz führte, schrie Mark plötzlich auf: „Da fährt er!"

„Wo? Wer? Du meinst den Wagen, der da vorn um die Ecke gesaust ist? Das war ein anderer."

„Nein, das war unserer. Der Alfa Romeo." Mark begann zu rennen. „Unser Gepäck!" stieß er atemlos hervor.

Nun packte auch Corinna der Schrecken. Sie liefen beide, so schnell sie konnten, ohne auf den Straßenverkehr zu achten.

Mark keuchte: „Hat gar keinen Zweck, zu rennen. Der ist weg, und unsere Sachen mit ihm! Furchtbar leichtsinnig mal wieder, das Gepäck bei dem fremden Kerl zu lassen! Was sind wir doch für Hornochsen!"

„Ich würde ja lachen, wenn wir um die Ecke kämen und der Wagen stünde noch ganz friedlich dort", meinte Corinna.

Aber der Wagen war nicht mehr da, als sie den kleinen Platz erreichten. Nur ein Köfferchen und ein blauer Wandersack standen einsam an der Stelle, wo er geparkt hatte, und obendrauf lag zusammengefaltet Corinnas Mantel „Gott sei Dank", keuchte Corinna.

Sie mußten erst verschnaufen. Dann schnalzte Mark zornig mit der Zunge. „Das Gepäck steht da, und wir stehen ebenfalls da. Das haben wir jetzt von deiner Trödelei. Jetzt können wir uns eine neue Fahrgelegenheit suchen!"

Corinna wischte sich über die heiße Stirn und nahm dann Ledermann auf. „Da kann man nichts machen. Wir werden schon etwas finden, das uns mitnimmt."

„Wo denn? Vielleicht hier, mitten in der Stadt? Zuerst müssen wir die Ausfallstraße suchen. Und bis Ravenna ist's übrigens noch weit. Wenn wir nicht einen direkten Wagen kriegen, kommen wir vor der Nacht nicht mehr hin", sagte Mark düster.

Corinna seufzte. „Der Blödian hätte aber auch warten können. Einfach davonzufahren!"

„Es sind eben nicht alle Italiener so unpünktlich wie du. Wäre ich wenigstens allein zurückgegangen! Du mit deinem heiligen Antonius! Das haben wir jetzt davon."

„Schimpf nicht, Mark! Es hat doch keinen Zweck mehr. Wer weiß, was der heilige Antonius für uns in petto hat. Vielleicht schickt er uns einen noch viel schöneren Wagen."

„Quatsch", sagte Mark.

Sie nahmen ihr Gepäck auf und trotteten über den Platz. Als sie bei dem Ristorante an der Ecke vorbeikamen, drehte Corinna flüchtig den Kopf nach dem roten Kleinwagen, der noch immer dort stand. „Die Leute aus München könnten uns auch mitnehmen!"

„Erstens hätten sie keinen Platz, zweitens werden sie nicht ausgerechnet nach Ravenna fahren." Mißmutig trotteten sie weiter. Sie kehrten zunächst zum Kirchplatz zurück und folgten dann auf gut Glück einer schmalen, aber sehr belebten Gasse, die trotz ihrer Enge eine Hauptverkehrsader der Stadt zu sein schien. Zweimal fragten sie vorübergehende Passanten nach der Straße nach Ravenna, aber man schien sie nicht zu verstehen, und sie wurden beide Male nur mit Kopfschütteln und unbestimmten Handbewegungen abgefertigt.

So versuchten sie denn, auf eigene Faust aus der Stadt herauszufinden. Das erwies sich aber als ziemlich schwierig. Immer neue Gassen und Plätze taten sich auf, und schließlich war es ihnen, als gingen sie schon jahrelang hier durch die steinernen Häuserschluchten, zwischen dem tosenden Verkehr und der Fremdheit der vielen unverständlich redenden Menschen.

Die Hitze wurde immer unerträglicher, ihr Durst größer und größer. Ohne zu sprechen, tappten sie müde und von Augenblick zu Augenblick mutloser werdend, über das glühende Pflaster weiter. Bis endlich das freundliche Grün von Bäumen ihre Blicke auf sich zog. Der Anblick belebte sie.

Es war wohl eine Art von Stadtpark, wohin sie gelangt waren. Inmitten gepflegter Gartenanlagen stand eine kleine Kirche, um sie her leuchteten Blumen. Das Gras der Rasenflächen wirkte trotz der sengenden Sonne frisch, Kinder spielten auf den Kieswegen, und Männer und Frauen saßen auf Bänken. Dann entdeckten Corinna und Mark das Erfreulichste, das ihnen gerade jetzt vor Augen kommen konnte: einen Brunnen, aus dessen verschieden gestalteten Becken kleine Wasserstrahlen in die Höhe schossen. Soldaten, junge Frauen mit Kindern auf dem Arm, alte Männer und kleine Buben und Mädchen drängten sich um den Brunnen, beugten sich über die Wasserstrahlen und ließen sie sich geradewegs in den Mund hineinsprudeln.

„Ein Trinkbrunnen! Sieh mal!" rief Mark begeistert aus.

„Den hat der heilige Antonius eigens für uns hierher gesetzt!"

„Hoffentlich kriegt man keinen Typhus von dem Wasser."

„Die trinken ja alle davon. Schau nur, die Frauen heben sogar die kleinen Babys hoch und lassen sie trinken!"

Mark gab seine Bedenken auf, und er und Corinna drängten sich nun auch zu den sprudelnden Quellen. Bald hatten sie einen Strahl erobert. Sie tranken und tranken und mochten gar nicht mehr aufhören.

Dann setzten sie sich befriedigt und sehr erfrischt auf eine Bank. Sie hatten sich auch die Hände und Arme von dem kühlen Naß übersprühen lassen, spritzten sich gegenseitig die Tropfen ins Gesicht, lachten und fühlten sich schon wieder viel wohler.

Eine Schar Kinder zog singend vorüber. Sie hielten sich an den Händen und tanzten die Kieswege entlang, ihre hellen Stimmchen krähten lustig und laut über den Garten hin.

Corinna versuchte das Liedchen mitzusummen. Dann griff sie nach Konstantin. „Das muß ich auf der Flöte probieren."

„Aber doch nicht hier!"

„Immer sagst du : nicht hier, nicht hier! Du bist ein entsetzlicher Spießer, Mark. Die Kinder singen doch auch hier und genieren sich nicht. In Italien ist alle Welt musikalisch. Überhaupt eine Schande, daß ich schon zwei Tage in Italien bin und noch nicht ein einziges Mal geflötet habe." Corinna öffnete entschlossen den Flötenkasten. „Jetzt spiele ich dem heiligen Antonius ein Danklied, weil er uns den herrlichen Brunnen ..."

Sie verstummte plötzlich. Mark drehte ihr den Kopf zu.

„Da! Guck dir das mal an!" stammelte Corinna.

Ja, nun sah Mark es auch: In dem Kasten – oben auf dem Tuch, das die Flöte einhüllte – lag ein Zwanzigmarkschein. Er lag da, grünlich, ein bißchen zerknittert und halb zusammengefaltet, ganz harmlos und selbstverständlich, genau als müßte das so sein.

Mark und Corinna starrten ihn an und konnten sekundenlang nicht fassen, was sie sahen. „Mark, ich werde verrückt!" Dann ergriff sie den Schein mit spitzen Fingern und hob ihn in die Höhe. „Der heilige Antonius! Das – das ist das Wunder, Mark!"

Da aber fing Mark laut zu lachen an. Er lachte so unbändig, daß es ihn schüttelte. „Nein, Corinna, nein, das ist kein Wunder – bei dir ist es keins. Bei dir ist es eben bloß – ganz echt Corinna. Echt Corinna! Echt Corinna!" schrie er prustend und schlug sich vor Vergnügen mit den Fäusten auf die Knie.

Seine Schwester schielte ihn halb beschämt von der Seite an. „Ich habe es aber wirklich nicht gewußt, Mark. Ich habe ganz bestimmt geglaubt, ich hätte den Schein in den Tenorflötenkasten gesteckt. Da bewahre ich sonst immer das Geld auf, das für eine neue Flöte bestimmt ist. Ich kann einfach nicht begreifen, wie das zugegangen ist."

„Ich wohl." Mark lachte noch immer. „Eigentlich hätte ich mir das denken können. Das kennen wir doch, daß du nie weißt, wo du deine Sachen wirklich hast. Aber jetzt muß ich sagen: Eigentlich ist es ein Glück, daß du so bist. Jetzt haben wir Geld – prima ist das!"

Corinna lachte nun auch. „Ganz prima, wie? Aber wir wollen

doch lieber sagen, daß es ein Wunder des heiligen Antonius ist, das finde ich viel netter. Jedenfalls ist es sein Verdienst, daß ich jetzt gerade den Kasten aufgemacht habe – trotz deinem blöden: ‚nicht hier'. Und jetzt habe ich noch mehr Anlaß, ihm ein Danklied zu spielen."

Und Corinna wickelte die Flöte aus ihren Hüllen, setzte die Teile zusammen und spielte. Erst versuchte sie das Lied, das die Kinder gesungen hatten; dann blies sie eine alte feierliche Tanzweise, die ihr besonders passend für einen Heiligen erschien.

Mark saß unterdessen da und überlegte. Kaum hatte Corinna

geendet, da begann er zu sprechen. „Eigentlich hätte der heilige Antonius uns das Geld ja auch gleich in Lire umwechseln können. Da er das aber nicht getan hat, müssen wir jetzt sehen, daß wir's irgendwo gewechselt kriegen."

„Wo denn?" fragte Corinna und lächelte den Kindern zu, die sich in einiger Entfernung versammelt hatten und neugierig herüberschauten.

„In der Stadt hab ich ein Schild ‚Geldwechsel' gesehen. Sogar auf deutsch stand das Wort da. Das finden wir sicher wieder, wenn wir den gleichen Weg zurückgehen."

Die Kinder rückten jetzt näher. Mit ihren hellen Stimmen redeten sie auf Corinna ein und zeigten auf die Flöte. „Flauto! Flauto!" hörte Corinna und „suonare, signorina!"

„Soll ich nochmal spielen?" fragte sie und setzte die Flöte an den Mund.

Aber Mark redete ungeduldig dazwischen. „Wer weiß, ob die Wechselstube überhaupt so lange offen hat. Wir sollten lieber gleich gehen."

Da mußte Corinna denn wohl oder übel das begonnene Liedchen wieder abbrechen. „Also Kinder – nichts ist mit flauto – addio."

Und trotz des lebhaften Widerspruchs der Kinder wurde die Flöte in ihren Kasten zurückgelegt. Mark hatte sich bereits vorsorglich des Zwanzigmarkscheins bemächtigt und ihn sicher in seiner Hosentasche untergebracht.

Unter dem Abschiedswinken der Kinder verließen sie dann den Park und wanderten den Weg zurück, den sie gekommen waren.

Mark fand tatsächlich das „Geldwechsel"-Schild wieder, und nach erstaunlich kurzer Zeit war Corinna glückliche Besitzerin von zwei Tausendlirescheinen und einer Menge Kleingeld. Ihre Börse schwoll ordentlich an, als sie den ganzen Reichtum in ihr verstaute.

Dann standen sie wieder auf der Straße und berieten. Wie anders schien die ganze Welt jetzt dreinzuschauen als vorhin, da sie sich müde dieselbe Straße entlanggeschleppt hatten. Häuser und Menschen schienen sie freundlich anzusehen. Auch begann die Hitze nachzulassen und das Licht abendlich golden zu werden.

„Gerettet sind wir – was nun?" fragte Corinna. „Eigentlich gefällt es mir in Padua nicht schlecht, muß ich sagen. Wollen wir hier übernachten? Vielleicht gibt's auch in dieser Stadt ein Kloster wie in Verona oder sonst eine billige Unterkunft. Auf alle Fälle will ich jetzt etwas essen."

„Wir müssen aber zusehen, daß wir unser Geld nicht zu schnell loswerden. Essen, Übernachtung, Fahrkarten!"

„Fahren wir eben morgen wieder als Anhalter. Aber jetzt bin ich entschieden ..."

Da zupfte irgendwer an Corinnas Kleid. „Vieni, signorina", sagte ein durchdringend helles Stimmchen. Ein kleiner Junge in blau und weiß gestreiftem Trikothemd stand vor den Geschwistern und lächelte sie verschmitzt an. „Vieni, vieni!" wiederholte er und winkte eifrig mit einem Finger seines braunen Händchens. „Schön Hotel. Ristorante. Gutt ess, gutt slaf, all gutt, signorina."

Die dunklen, runden Augen in dem kleinen Gesicht strahlten Corinna mit bezwingender Bitte an. Sie fühlte sofort, daß sie ihnen nicht würde widerstehen können.

„Hotel – billig?" fragte sie so deutlich wie möglich. Sie machte die Bewegung des Geldzählens. „Molto lire?"

„No, no!" Der Kleine wedelte verächtlich mit dem Händchen. „Quattrocento Lire, signorina." Er hob vier Finger in die Höhe und deutete dann mit einer überaus verachtungsvollen Bewegung an, daß es sich um einen wahren Spottpreis handle.

Corinna sah Mark an. „Vier Lire? Das wäre allerdings billig."

„Vierhundert wird er meinen. Das sind – wart mal – so etwa zwei Mark fünfzig."

Jetzt faßte der Kleine energisch nach Corinnas Hand. „Vieni, signorina", zirpte er wieder. Dabei sah er mit einem geradezu schmelzendem Blick zu ihr auf. „Bella signorina tedesca!"

Corinna wurde rot. Bella – das hieß schön. „Schönes deutsches Fräulein", hatte er gesagt.

Nein, sie konnte nicht widerstehen. „Ach was, komm!" sagte sie. „Es wird schon nicht die Welt kosten. Der Kleine ist einfach zu goldig!"

Das Meer

Am nächsten Tag – kurz vor Mittag – standen Corinna und Mark dann wieder einmal an der Landstraße, um ein Auto anzuhalten. Es war eine endlos lange, gerade Straße, die zwischen gelblichen Feldern dahinlief – Maisfeldern, wie die Geschwister festgestellt hatten. Die ganze Landschaft, flach wie ein Kuchenteller, schien nur aus Feldern zu bestehen. Einzig die Türme der Stadt Ferrara, die im Hintergrund in den hitzeflimmernden Himmel ragten, brachten Abwechslung in das eintönige Bild.

Die italienische Sonne meinte es auch heute wieder fast zu gut mit den beiden. Ihre Gesichter glühten, Corinna hatte sich ein Taschentuch über den Kopf gebreitet, aber auch das half nicht viel. Kein schattenspendender Baum war rings zu erblicken, und leider schien auch nicht ein einziges Auto von Ferrara nach Ravenna zu fahren. Die beiden seufzten, und das Barometer ihrer Stimmung begann wieder zu sinken.

Bis hierher war alles ganz gut gegangen. Das „schöne" Hotel in Padua hatte zwar zuerst einer Spelunke recht ähnlich gesehen – fast wären sie wieder umgekehrt, als sie den finsteren, muffig riechenden Hausflur betraten. Aber der Anblick der Wirtin, einer dikken, mütterlich freundlichen Frau, hatte sie wieder beruhigt. Man hatte ihnen zwei winzige, aber saubere Kammern angewiesen, und die Spaghetti, die sie in der kellerähnlichen Gaststube verzehrt hatten, waren ein rechtes Labsal gewesen.

Die Geschwister hatten prächtig geschlafen und am Morgen ohne allzugroßen Widerstand, wenn auch seufzend, die erstaunlich angeschwollene Rechnung beglichen. Corinna hatte es sogar nicht übers Herz gebracht, an den flehenden Unschuldsaugen des kleinen Pietro, der jetzt statt des gestreiften Trikots eine himmelblaue, wenn auch zerschlissene Livree trug, vorüberzugehen, ohne einen 50-Lire-Schein in das ausgestreckte Händchen zu stecken.

Dafür hatte ihnen die Wirtin aber auch einen guten Tip gegeben. Ein Bekannter von ihr, ein Ölhändler, der ein paar Gassen weiter wohnte, fuhr jeden Freitag morgen nach Ferrara. Einmal dort, würden sie leicht einen Wagen nach Ravenna bekommen. Die Geschwister hatten sich bedankt und sich dann zu der Ölhandlung durchgefragt, vor der der Lastwagen schon wartend stand. Alles hatte geklappt – gegen halb elf Uhr waren sie bereits in Ferrara gewesen.

Da sie nun schon einmal hier waren, hatten sie sich ein wenig die Stadt angesehen. Sie waren rings um das riesige, düster dreinblikkende Wasserschloß herumgewandert, das wie ein Überrest mittelalterlicher Feudalmacht mitten in der Stadt stand, und Corinna hatte von der Fürstenfamilie der Este gesprochen, die hier einst regierten, und vom Dichter Tasso.

Nachdem somit wieder einmal etwas für Marks Bildung getan worden war, wanderten sie in Richtung Ravenna aus der Stadt hinaus. Ein Stück weit hatte sie noch ein Bauernwagen mitgenommen; aber nun standen sie also hier in der Sonnenglut und warteten der Dinge, die da kommen sollten.

Und sie kamen wirklich. Eben hatte Corinna gesagt: „Ich glaube, auf dieser Straße gibt's überhaupt keine Autos", als der kleine rote Wagen in der Ferne auftauchte.

Er näherte sich ziemlich langsam. „Du, ich freß einen Besen, wenn das nicht das deutsche Auto aus Padua ist. Meinst du nicht auch?"

„Es sieht so aus. Aber es hat keinen Zweck, daß du winkst. Die haben ja doch keinen Platz in dem winzigen Wagen."

Allmählich wurde das Nummernschild erkennbar. „Tatsächlich, es ist das Auto aus München," rief Corinna triumphierend. „Siehst du wohl, die fahren also doch nach Ravenna, was du bezweifelt hast."

„Aber Platz haben sie keinen."

„Egal. Ich winke, und damit fertig!"

Corinna winkte, und der kleine Wagen zuckelte gemächlich heran. Genau vor Corinna hielt er. Die Geschwister sahen, daß nur zwei Personen darin saßen. Die junge Dame, die den Wagen steuerte, steckte ihren blonden Lockenkopf aus dem Fenster. „Was soll's?" fragte sie.

„Ach bitte – fahren Sie vielleicht nach Ravenna?" fragte Corinna.

„Ginge es wohl, daß wir ...?" Sie versuchte ins Innere des Wagens zu spähen, aber der blonde Lockenkopf des Mädchens füllte das kleine Fenster gänzlich aus.

„Ihr wollt auch mit? Nach Ravenna fahren wir schon, aber ..." Das Mädchen zog den Kopf zurück und schien seinen Begleiter fragend anzublicken. „Sollen wir, Brüderl?"

In diesem Augenblick erhielt Corinna von hinten einen Stoß, der sie empört zu Mark herumfahren ließ. „Was ist denn?" zischte sie.

„Guck selber!" murmelte Mark.

Corinna wandte sich wieder dem Auto zu und sah, daß der Mann, der neben dem Mädchen gesessen hatte, eben aus dem Wagen kroch. Sein Haar war ebenso blond wie das des Mädchens, wenn auch weniger kühn gelockt, er sah seiner Begleiterin überhaupt recht ähnlich. Noch größer aber war die Ähnlichkeit mit einem anderen Menschen, den sie erst vor ein paar Tagen ... Ja, war es denn möglich? Nein, es konnte gar keinen Zweifel geben; Das war der junge Mann aus dem Innsbrucker Bahnhofsrestaurant, der da jetzt um den roten Wagen herum auf sie zukam.

Corinna fühlte einen kleinen Stoß am Herzen, einen fast lähmenden Schrecken, der aber im nächsten Augenblick in Freude überging. Was für ein Zufall, daß man sich hier wiedertraf! Corinna vergaß ganz, daß sie sich doch mehr oder weniger im Zorn von dem Fremden getrennt hatte. Sie empfand nichts als Freude, eine sonderbar große Freude. Stumm und starr blieb sie stehen und sah dem jungen Mann mit großen, staunenden Augen entgegen.

Er streckte die Hand aus. „Ich mein', wir kennen uns?"

„Wahrhaftig?" fragte das Mädchen im Auto und sah wieder neugierig aus dem Wagenfenster heraus.

„Vom Bahnhof in Innsbruck", ergänzte der junge Mann. „Wissen Sie noch? Oder erinnern S' sich nimmer?"

Jetzt mußte Corinna lachen. Solch eine dumme Frage! „Natürlich erinnere ich mich. Ist doch klar."

Er lächelte noch freundlicher und schüttelte ihre Hand. Dann begrüßte er Mark. „Was macht die Kamera? Steckt bereits eine ordentliche Ausbeute darin? Farbfotos, wie?"

Lieber Himmel, er fängt schon wieder an, hellzusehen, dachte Corinna.

Jetzt wandte er sich an das blonde Mädchen. „Also – wie haben wir's, Finerl? Gibt's noch Platz für die zwei?"

„Ach was, nur herein mit ihnen! Ich lade alles auf, was mitfahren will, ich bin ja gar nicht so." Das Mädchen öffnete die Wagentür. „Wer keinen Platz mehr findet, muß halt aufs Dach hinauf. Aber ich denk, für euch zwei Schlanke reicht der Platz dahinten noch aus." Sie wies auf die schmale Rückbank, auf der einige leichte Gepäckstücke standen. „Das Zeug da müßt ihr halt auf den Schoß nehmen oder unter die Füß' stellen. Es wird schon gehen."

„Geht wunderbar", versicherte Corinna. Sie und Mark richteten sich auf den Rücksitzen ein, und nachdem alle Gepäckstücke über, unter und zwischen ihnen verstaut waren und der junge Mann die Wagentür knallend zugeworfen hatte, setzte sich das Auto in Bewegung und rollte in mäßigem Tempo die Straße entlang.

Der junge Mann aus Innsbruck saß jetzt wieder neben der Fahrerin. Corinna betrachtete sich die beiden blonden Köpfe von hinten. Das Mädchen mochte die Schwester des jungen Mannes sein, richtig, ja, sie hatte ‚Brüderl' zu ihm gesagt. Ein nettes Ding übrigens – sicher nicht viel älter als ich, dachte Corinna. Daß solch ein junges Geschöpf überhaupt schon einen Wagen steuern durfte! Vielleicht hatte ihr der Bruder nur mal für kurze Zeit das Steuer überlassen. Aber er hatte sie gefragt, ob es noch Platz gebe. Es sah beinahe so aus, als gehöre der Wagen ihr persönlich.

„Schrecklich nett, daß wir mitfahren dürfen!" begann Corinna die Unterhaltung.

Mark schwieg sich natürlich wieder einmal aus. „Die Hitze ist zu arg, und dabei auf der Landstraße zu tippeln ..."

„Bis Ravenna? Nein, das wär kein Vergnügen." Corinna sah im Rückspiegel die Augen des Mädchens verständnisvoll auf sich gerichtet. „Italien ist überhaupt kein Wanderland. Zu heiß. Da ist's schon am besten, man hat ein Fahrzeug zur Verfügung."

„Fahren Sie bis Ravenna?" erkundigte sich Corinna.

„Jawohl. Allerdings wollen wir bald mal irgendwo essen – zwischendurch. Wir verspüren nämlich bereits Hunger."

„Oh – wir auch. Wir haben immer Hunger, das ist unsere schwache Seite", rief Corinna.

„Meine auch. Da passen wir ja zusammen, so schaut's aus."

„Also, Finerl", bemerkte der junge Mann, „dann halten wir beim nächsten Gasthaus an, oder nicht? Da vorn kommt ein Dorf – den Namen hab ich vergessen – aber die Osteria kenn ich, sie ist zu empfehlen."

„Finerl heißen Sie?" fragte Corinna, sich zu dem blonden Mädchen vorneigend.

„No ja. Er sagt halt so. Seine Privaterfindung, made in Austria. Eigentlich bin ich Josephine getauft."

„Und ich Joseph", schaltete sich der junge Mann ein.

Corinna mußte lachen. „Joseph und Josephine! Wunderbar!"

„Aber ich werd Finny genannt – im allgemeinen", erklärte das Mädchen.

„Und ich Sepp."

„Na, das klingt schon verschiedener." Corinna lachte noch immer. „Aber wie man nur Joseph und Josephine heißen kann!" Mußten das drollige Eltern sein, die ihre Kinder so gleichartig benannt hatten! Und dabei waren die beiden sichtlich nicht einmal Zwillinge!

„Wie man nur Corinna und Mark Aurel heißen kann!" sagte da der junge Mann vor sich hin, Corinnas Ton nachahmend. Sie sah ein Auge von ihm im Rückspiegel; es blickte sehr spitzbübisch drein.

Das Mädchen Finny wandte den Kopf zu ihm. „So gut kennt's ihr euch schon?"

„Ach, gar nicht. Aber der weiß ja sofort alles", rief Corinna rasch. Sie fühlte sich hinter den beiden Blondköpfen so angenehm geborgen. Das gemütliche Dahinrollen des kleinen Wagens machte sie vergnügt, ja übermütig. Alle Scheu war verschwunden, sie bekam sogar richtig Lust, dem scharfäugigen Burschen da vor sich Frechheiten zu sagen. „Der guckt einen ja bloß einmal an, und dann weiß er, wo man geboren ist, was für ein Schulzeugnis man im letzten Jahr gekriegt hat und daß die Urgroßmutter einen Leberfleck auf der Nase hatte."

Finerls Kopf fuhr zu Corinna herum. „Gelt ja. Stimmt auffallend", rief sie. „Mit dieser Eigenschaft ist er mir nämlich auch schon auf die Nerven gefallen. Der reine Hellseher!"

Der junge Mann aber verzog keine Miene. Er tippte nur der Fahrerin auf die Schulter. „Nicht nach rückwärts gucken, Finerl! Die Straße im Aug behalten. Sonst kann ich hellsichtig prophezeien, daß wir im Graben landen."

„Gibt hier ja gar keinen Graben", murmelte das Mädchen.

„Aber eine Osteria gibt's. Da vorn – seht ihr? Also – da wollen wir uns mal stärken, damit die durch mich strapazierten Nerven der Damen sich wieder erholen können."

Nicht lange danach saßen sie in dem kühlen Innenraum eines ländlichen Gasthauses und verzehrten um die Wette Spaghetti in großen Mengen.

„'s ist seltsam, daheim kann ich Teigwaren nicht ausstehen", bemerkte Finerl nachdenklich, „in Italien eß ich's jeden Tag mit wachsender Begeisterung. Ob das hier andere Spaghetti sind als die in München, oder ob's an der Tomatensoße liegt?"

„Kommen Sie geradeswegs aus München?" fragte Corinna neugierig.

„So ziemlich. Das heißt, ich hab's mir gemütlich gemacht – von der narrischen Rennerei halt ich nun einmal nix."

„Ich glaube, wir haben Ihren Wagen schon in Padua gesehen. Da hielt er vor einem Ristorante in der Nähe der Antoniuskirche."

„Ganz recht. Dort hab ich auch gerade Spaghetti gegessen." Das Mädchen Josephine schob seinem Bruder aufs neue die Schüssel zu. „Iß, daß d' was wirst, wie Papa immer zu sagen pflegt."

„Danke. Gänzlich unmöglich."

„A geh!" Die kleine Finny schüttelte erstaunt den Lockenkopf. „So ein langer Lackel, und ein derartig kleiner Magen, das gibt's ja gar nicht! Der Herr wird sich doch nicht etwa genieren? Da schaut's mich an!"

Und sie häufte sich erneut den Teller voll und begann munter draufloszuessen, die Spaghetti auf italienische Art kunstvoll um die Gabel wickelnd.

Nun war es an dem jungen Mann, den Kopf zu schütteln. „Aber Finerl! Ein so kleines Persönchen und so gefräßig!" neckte er augenzwinkernd.

„Ihre Schwester muß eben noch wachsen, und Sie nicht", verteidigte Corinna die Kleine, worauf Finerl ganz unerwartet und anscheinend grundlos einen Lachanfall bekam. Sie prustete und verschluckte sich dabei an ihren Spaghetti, so daß sie nach Luft schnappte.

Der junge Mann klopfte ihr hilfreich auf den Rücken. „Ruhig, ruhig, Schwesterl! Nicht ersticken! 's wär schad drum."

„Wirklich?" Finny wischte sich die Lachtränen aus den Augen. „Tät mein Herr Bruder weinen?"

„Aber ganz gewiß."

„Zuviel der Ehr." Das Mädchen widmete sich wieder seinem Spaghettiberg.

Als die große Schüssel endlich ganz leer war, zog der junge Mann, der sich Sepp genannt hatte, ein Zigarettenetui hervor. „Darf ich rauchen?"

„Wenn's sein muß", antwortete Finerl.

Er bot seiner Schwester an, schien aber Corinna und Mark zu übersehen, was Corinna ein wenig ärgerte. Hielt er sie etwa für kleine Kinder?

Sie rauchten zwar beide nicht und hätten selbstverständlich abgelehnt, aber immerhin ... Höflichkeit schien nicht seine stärkste Seite zu sein. Wenn Corinna zum Beispiel daran dachte, wie sie sich im Bahnhofsrestaurant zu Innsbruck über ihn hatte ärgern müssen.

„Ob man hier wohl Ansichtskarten kriegen kann? Ich sollt eine heimschreiben", fragte Finny.

Corinna öffnete ihren Beutel. Sie hatte in Ferrara ein paar Karten gekauft, die sie ihren Freundinnen schicken wollte. Vor allem Margret mußte nun endlich eine Karte bekommen, die arme Margret, die jetzt daheim saß und weder solch herrliche Spaghetti essen noch solch abenteuerliche Dinge erleben konnte wie Corinna hier in Italien.

Sie überließ Finny eine ihrer Karten; dann machten sie sich beide ans Schreiben. Bei Corinna ging so etwas schnell. Sie hatte schon fast alle ihre Karten vollgeschrieben, während Finny noch am Füllhalter nagend überlegte, was sie Vater und Mutter mitteilen sollte.

„Den Eltern schreiben wir dann morgen, Mark. Die gondeln nämlich irgendwo auf dem Mittelmeer herum und sind erst am fünfzehnten in Palermo erreichbar", erzählte Corinna ihren neuen Reisegenossen.

„Da würde ich Ihnen aber doch raten, heut schon zu schreiben", bemerkte der junge Mann.

„Meinen Sie? Na schön. Schreibe ich auch noch an die Eltern!" Corinna begann wieder zu kritzeln. „Die Guten haben nämlich keine Ahnung, daß wir zwei hier in Italien herumvagabundieren", erzählte sie dann weiter, während sie Mark die Karte zur Unterschrift hinüberschob. „Die werden staunen!"

Der junge Mann war eben dabei, sich eine neue Zigarette anzuzünden. „Die armen Eltern!" sagte er dabei halblaut und bedauernd vor sich hin.

„Wieso?" Corinna hob verblüfft den Kopf. „Warum denn arm?"

„Weil s' zwei so ungeratene Kinder haben." Jetzt sah er sie an.

„Ungeraten? Wir? Aber ganz und gar nicht", widersprach Corinna halb lachend, halb ärgerlich, und auch Marks Miene drückte Empörung aus. Was sollte das nun wieder heißen? Neckerei oder Ernst? Wollte er schon wieder so anfangen wie im Bahnhofsrestaurant in Innsbruck?

„Aber ja. Stellen sich in Italien an der Straßen auf und halten fremde Wagen an, obwohl die Eltern das gar nicht leiden mögen! Die Schwester Sabina würde so etwas niemals tun!"

Corinna und Mark starrten den jungen Mann an, der ruhig vor sich hinrauchte. Die Hausdame Theresa Barghelli hatte Ähnliches gesagt. Es sah aus, als erregten sie hier mit ihrer Anhalterei Anstoß. Vielleicht war es also nicht so merkwürdig, daß er darauf hinwies. Aber wie kam er auf Sabina? Hatte Corinna ihm denn überhaupt von ihr erzählt? „Woher wollen Sie das wissen?" fragte Corinna mit rotem Kopf.

Er lächelte sie durch den Rauch seiner Zigarette hindurch an. „Stimmt's etwa nicht?"

„Doch, es stimmt", gab sie zu. Sie schüttelte seufzend den Kopf. „Jetzt erzählen Sie uns nur noch, was wir bisher auf unserer Reise getan und erlebt haben, dann glaube ich's, daß Sie hellsehen können."

Sein Gesicht wurde ernst. Die hellen Augen schlossen sich halb, sie waren mit einem so forschenden Ausdruck auf Corinna gerichtet, daß ihr beinahe unheimlich wurde. „Ja, wenn ich da reden wollte! Aber das laß ich lieber bleiben", bemerkte er orakelhaft.

Corinnas Gesicht wurde noch röter, jetzt aber vor Zorn. „Weil Sie nichts wissen", stieß sie trotzig hervor.

Er zuckte die Schultern. „Vielleicht doch. Wenn ich reden wollte, könnt' ich möglicherweise schon etwas erzählen, von gute Ratschläg' in den Wind schlagen, sich leichtsinnig mit fremden Frauenspersonen einlassen und am End' – am End' noch den Briefträger machen ..."

Nun schlägt's aber dreizehn! dachte Corinna. Das war ja wirklich unheimlich. Sollte in diesem eigentlich so harmlos aussehenden Menschen eine echte Sehergabe stecken?

„Sagen Sie mal: Hab ich recht?" fragte er eindringlich. „Wollen S' mir das sagen?"

Corinna bemerkte gerade noch rechtzeitig, daß Marks Augen mit beinahe beschwörendem Ausdruck starr auf sie gerichtet waren. „Halte den Mund!" warnten diese Augen mit unübersehbarer Deutlichkeit.

So senkte sie denn nur tief den Kopf. „Ach, Sie wissen überhaupt nichts", murmelte sie ärgerlich, ohne irgend jemand anzusehen.

„Mag sein." Unerwartet drückte der junge Mann seine erst halb gerauchte Zigarette aus und erhob sich. „Und jetzt Finerl, mein ich, daß wir weiterfahren sollten. Damit wir heut noch nach Ravenna kommen."

„Nur immer mit der Ruhe!" Finerl hob kaum den Kopf von ihrer Schreiberei. „Ich rase nicht, und wenn das Herz auch bricht."

„Besser das Herz als der Wagen, nicht wahr?" bemerkte Mark. Es waren die ersten Worte, die er während dieser ganzen Mahlzeit gesprochen hatte.

Der junge Mann sah ihn an. „Das ist so ein ganz Stiller! Sagt kein Wörtl, sitzt da, beobachtet und denkt sich sein Teil." Er blinzelte Mark von der Seite an. „Ja, wenn die Corinna den nicht hätt, dann wär sie aufgeschmissen. Dann tät sie noch viel mehr dumme Streiche machen."

Corinna wollte protestieren, aber da klopfte Finerl energisch mit dem Füllhalter auf den Tisch: „Also, wenn der Hellseher da jetzt nicht bald mit seinen weisen Orakelsprüchen aufhört, dann lassen wir ihn hier sitzen und fahren allein los. Was meinen Sie, Corinna? Wir lassen uns nicht gern auf unseren Nerven herumtrampeln.

Cameriere! Il conto!" rief sie dem Wirt zu, der im Hintergrund des dämmrigen Raumes hantierte.

„Verzeihung." Der junge Mann, der sich Sepp genannt hatte, verbeugte sich mit spöttischer Miene vor der kleinen Finny, die ihn mit gespielter Würde anblitzte.

„Bruderherz, ich tät fein Frieden halten, gelt?"

„Ich will mir's merken, mein Fräulein Schwester."

Der Wirt kam an den Tisch. Corinna bezahlte für Mark und sich und bemerkte, daß Finny und ihr Bruder ihre Rechnungen getrennt beglichen. Die kleine Finerl schien also nicht nur Besitzerin eines Wagens, sondern auch einer eigenen Reisekasse zu sein. Und ein energisches Persönchen war sie. Wie sie ihren Bruder zurechtgewiesen hatte!

Der war tatsächlich ganz zahm geworden. Als sie das Gasthaus verließen, drängte er sich sogar an Corinnas Seite und flüsterte ihr ein rasches: „Nichts für ungut, Fräulein Corinna, war nicht bös gemeint" zu.

Dann krochen sie alle wieder in den roten Wagen, der gleich darauf gemächlich weiter auf der langen Straße dahinzuckelte.

*

Die Sonne brannte noch immer heiß auf die flache Landschaft hernieder, als sie sich der Stadt Ravenna näherten. Finerl hatte sich nach Corinnas und Marks Plänen erkundigt, und Corinna hatte von Altweilers erzählt und von ihren Zelten, die irgendwo auf einem Campingplatz am Meer stehen mußten.

„Marina di Ravenna heißt es da."

Finny hatte ihren Lockenkopf zu Corinna gedreht: „Ist das weit? Da fahr ich euch am besten gleich g'schwind 'naus."

„Zehn Kilometer", antwortete Sepp an Corinnas Stelle. „Marina di Ravenna ist ein Badeort, direkt am Meer gelegen, wunderschön übrigens. Es führt eine sehr gute Straße hin – dort kann man auch die berühmten Pinienwälder bewundern, die schon Dante besungen hat, eine Sehenswürdigkeit in einem so waldarmen Land."

„Sie kennen sich aber gut aus", sagte Finerl anerkennend. „Waren Sie schon oft hier?"

„Ich habe ein ganzes Jahr in Ravenna gelebt und komme auch jetzt noch öfter hin", antwortete der junge Mann.

„Ach so", Finny nickte. „Dann zeigen S' mir bitte, wo ich einbiegen muß, gelt? Sollen wir Sie irgendwo absetzen – oder kommen S' noch mit uns ans Meer?"

„Ich komme gern mit – wenn ich meinem Fräulein Schwester nicht zu sehr auf die Nerven falle, heißt das."

„Oh – einen braven Bruder fahre ich immer gern spazieren."

Halbzerfallene und überwachsene Festungswälle stiegen vor ihnen auf. Der junge Mann wies aus dem Fenster. „Da drüben schaut das Grabmal Theoderichs des Großen hinter den Bäumen hervor, des Gotenkönigs, der in unseren Sagen Dietrich von Bern heißt."

Aber Corinna warf nur einen flüchtigen Blick zu dem kleinen Kuppelbau hinüber, der sekundenlang zwischen den dunklen Zypressen auftauchte. Sie brachte im Augenblick kein großes Interesse für Grabmäler und alte Gotenkönige auf. Sie grübelte an der sonderbaren Tatsache herum, daß Finny nun auf einmal Sie zu ihrem Bruder sagte. Waren die beiden am Ende gar nicht Bruder und Schwester, sondern taten sie nur so? Merkwürdigerweise gab ihr dieser Gedanke einen kleinen schmerzenden Stich, erweckte etwas wie Ärger oder Sorge in ihr. Sie wußte selbst nicht recht warum.

„Ich will noch geschwind auf die Post, Marken kaufen", bemerkte Finerl. „Meine Mutter traut mir nämlich nicht zu, daß ich um die Telegrafenstangen herumfahre. Sie meint immer, ich tät sie alle mitnehmen oder kopfüber im Graben landen. Drum kriegt sie alle Tag eine Ansichtskarte zur Beruhigung. Also – wo geht der Weg zum Postamt?"

„Bei der nächsten Querstraße rechts einbiegen ..."

Kurze Zeit später hielt der kleine Wagen vor dem Postgebäude.

„Ich komme auch mit, Marken kaufen", sagte Corinna, und Sepp schloß sich wortlos an.

Während Corinna neben Finny am Schalter wartete, versuchte sie, durch das Schiebefenster nach dem Hintergrund des Postraumes zu spähen. Lag da nicht ein Stapel von Päckchen und Paketen? Ob wohl das unsere dabei ist? fragte sie sich unwillkürlich.

Aber wahrscheinlich war der Chauffeur von San Quirino gestern noch rechtzeitig vor Schalterschluß in Ravenna angelangt. Nun, dann lag es vermutlich nicht mehr hier, sondern war bereits auf dem Weg zu der alten Contessa. Komische Geschichte!"

Corinna kaufte Marken – da der Postbeamte Deutsch verstand, gab es keine Schwierigkeiten –, aber sie hatte dabei das unangenehme Gefühl, beobachtet zu werden. Sepp stand dicht neben ihr und schien sie immerfort anzusehen. Verstohlen blinzelte sie zur Seite. Ja, seine Augen verfolgten jede ihrer Bewegungen.

Erwartete er etwas? Was tat er überhaupt hier? Er wollte ja offenbar nichts kaufen, er stand nur da, die Hände in den Taschen, und sah ihr zu. Plötzlich durchzuckte sie ein verrückter Gedanke: Er wartet darauf, daß ich jetzt das Päckchen aus dem Beutel ziehe. Er denkt, ich habe es noch bei mir!

Gleich darauf allerdings schalt sie sich närrisch. Woher sollte er denn von der Existenz des Päckchens wissen? Zwar – hatte er nicht etwas von „Briefträger" gesagt? Aber die Frau mit dem grünen Hut hatte ihr das Päckchen ja in der verschlossenen Telefonzelle überreicht. Kein Mensch konnte zugesehen haben, auch er nicht. Sie täuschte sich. Ihre Phantasie malte ihr Unsinniges vor, weil die Geschichte mit dem Päckchen immer noch in ihren Gedanken spukte, weil das sonderbare hellseherische Gerede dieses Sepp sie verwirrt hatte ...

Während sie dann weiterfuhren, ertappte sich Corinna dabei, daß sie erneut den Hinterkopf des vor ihr Sitzenden betrachtete. Zweifellos war er wohlgeformt, schmal, mit einer schönen Wölbung. Es ist wohl das, was man einen „musikalischen Hinterkopf" nennt, dachte sie.

Ob sein Besitzer ein Instrument spielte? Was für einen Beruf er wohl haben mochte? Komisch – er gefiel ihr, sie konnte es nicht leugnen, trotz seines ärgerlichen Geredes und der beunruhigenden Aufmerksamkeit, mit der er sie immer wieder beobachtete. Und merkwürdigerweise fand sie es sogar recht nett und erfreulich, daß er mit ihnen nach Marina di Ravenna fuhr – trotz allem!

Das Auto rollte jetzt längs eines Kanals hin. Piniengruppen tauchten auf. Dann waren sie schon wieder zwischen Häusern.

„Marina di Ravenna", sagte Sepp.

Das ist ja nicht bloß ein Zeltplatz, sondern eine richtige Stadt für sich, dachte Corinna. Plötzlich kam etwas wie Beklommenheit über sie. Hoffentlich war der Campingplatz nicht allzu groß! Was taten sie, wenn am Ende Altweilers gar nicht aufzufinden oder schon weitergefahren waren? Der Rest von Corinnas Geld würde nicht mehr weit reichen. Die Übernachtung in Padua hatte doch gräßlich viel von dem verschluckt, was der heilige Antonius ihnen beschert hatte! Und – würden Familie Altweiler und Sabina überhaupt erfreut sein über ihre unerwartete Ankunft?

Vermutlich war der Raum in den Zelten ohnehin knapp. Eigentlich doch eine ziemliche Frechheit, einfach anzurücken: So, da sind wir, Geld haben wir keins – jetzt könnt ihr für uns sorgen, ob es euch Spaß macht oder nicht! Zu Hause hatte alles so einfach ausgesehen: Man fuhr zu Altweilers und übernachtete in ihren Zelten – Altweilers waren ja gar nicht so – aber jetzt, da man sich dem Ziel näherte, sah die Geschichte doch ein bißchen anders aus.

Corinna wandte den Kopf zu Mark. Er sah starr vor sich hin – vermutlich dachte er soeben genau dasselbe.

Das Auto hielt mit einem Ruck. Finny stieß einen Ruf aus, und Corinna und Mark fuhren aus ihrem Grübeln auf. Das Meer! Zwischen Häusern und Piniengärten hatte sich ein Durchblick aufgetan. Da lag es nun vor ihnen, lichtblau und leicht bewegt – es sah fast aus wie eine lebendige Mauer, die sich in den Horizont emporzutürmen schien.

Corinna und Mark kannten den Bodensee, und gestern hatten sie noch im Gardasee gebadet. Aber nun merkten sie: hier war etwas durchaus anderes, etwas, das sich mit nichts vergleichen ließ, das sie kannten. Dies war das Meer. Wasser, so weit man sehen konnte, eine gewaltige Unendlichkeit an Wasser, fast ein bißchen unheimlich wirkend, selbst jetzt, in aller hochsommerlichen Sanftheit und Bläue.

Schweigend blickten sie auf die große Fläche hinaus. Erst nach einer Weile seufzte Finny auf: „Das Meer! Endlich! Das hab ich sehen wollen, Kinder! Das vor allem!"

Corinna bog sich zu ihr vor. „Sehen Sie's auch zum erstenmal?"

Finny nickte. Wieder schwiegen sie eine Zeitlang, und auch Sepp, dem der Anblick des Meeres ja nichts Neues sein konnte, unterbrach die Stille mit keinem Wort.

Dann ließ Finny den Wagen wieder anfahren. „Wo also ist der Camping-Platz?"

„Nur zugefahren! Wir sind gleich dort."

Als Corinna die vielen Zelte sah, die in unübersehbarer Menge über das sandige Gelände verstreut schienen, kam wieder Bedrükkung über sie. Zelte, wohin man schaute, große und kleine, ockergelbe, grüngraue und weiße, und dazwischen all die vielen, vielen Autos ...

„Hoffentlich finden wir sie auch", murmelte Corinna.

„Wir helfen euch suchen", tröstete Finny.

Sepp nahm Corinnas Köfferchen, Finny schloß den Wagen ab, und dann stapften sie durch den nachgebenden Sand auf die Zelte zu.

Wie gut, daß die beiden bei uns sind! Wie verloren würde ich mir jetzt ohne sie vorkommen! dachte Corinna.

Sie spähten umher. Altweilers besaßen einen blaugrauen Volkswagen, und die beiden Zelte mußten weiß sein. Aber wieviele blaugraue Wagen gab es hier, und noch viel mehr weiße Zelte! Und immer, wenn sie glaubten, die richtigen entdeckt zu haben, gab es eine Enttäuschung, denn jedes Mal handelte es sich dann um fremde Zelte und um einen fremden Wagen mit ganz anderem Kennzeichen.

„Wir fragen", schlug Finny vor, und steuerte auf den nächstbesten Wagen mit deutschem Nummernschild los. Die dazugehörige Familie, Vater, Mutter und zwei halberwachsene Kinder saßen im Schatten ihres Zeltvordachs um einen Spirituskocher herum.

„Altweiler?" Sie besannen sich und zuckten die Schultern. „Woher soll die Familie denn stammen? Und wie sieht der Wagen aus?"

Der Vater wandte sich an seinen Sohn. „Stand da drüben bei den drei Pinien nicht so ein bläulicher Volkswagen?"

Der Junge nickte. „Haben die ein Mädchen von ungefähr vierzehn Jahren dabei?"

„Ach, die hübsche Kleine, die immer so adrett angezogen war", erinnerte sich nun auch die Frau.

„Stimmt! Das ist Sabina." Corinna atmete erleichtert auf.

„Die sind leider nicht mehr hier. Gerade heute früh weggefahren – es gefiel ihnen hier nicht so ganz, glaube ich."

„Weggefahren? Ach je." Corinna und Mark sahen einander betreten an. „Habe ich mir's doch halb gedacht", stöhnte Corinna.

„Wohin sie gefahren sind, wissen Sie wohl nicht zufällig?" fragte Mark, sich zusammennehmend.

Die Eltern zuckten wieder die Schultern. Aber diesmal wußte die Tochter Bescheid. „Nach Rimini! Das Mädel hat es gesagt. Hier gefalle es ihr nicht, habe ich sie sagen hören. In Rimini sei es mondäner, und deshalb wollten sie dorthin."

„Das ist echt Sabina!" Mark und Corinna stießen es gleichzeitig hervor. „Natürlich hat sie Onkel und Tante überredet", setzte Corinna erbittert hinzu. Dann seufzte sie tief, und nachdem sie sich für die Auskunft bedankt hatten, stapften die vier wieder durch den Sand zurück.

„Nun wissen wir's wenigstens", murmelte Mark.

Finny legte teilnehmend ihre Hand auf Corinnas Schulter. „Was wollt ihr nun anfangen?" fragte sie.

„Nach Rimini weiterfahren", antwortete Mark verdrossen. „Etwas anderes bleibt uns ja nicht übrig."

Corinna aber blieb plötzlich stehen und ballte die Fäuste. „Jawohl. Jetzt können wir uns wieder an die Straße stellen und schauen, daß wir ein Auto kriegen. Und von Ravenna sehen wir überhaupt nichts, und wenn wir nach Rimini kommen, ist es dunkel, und Altweilers sind natürlich auch dort unauffindbar – alles bloß wegen Sabina!"

„Du wolltest doch sowieso mal nach Rimini, soviel ich weiß", wagte Mark zu erinnern.

Doch Corinnas Zorn ließ sich nicht besänftigen. „Ja – irgendwann – ausflugsweise. Aber nicht gleich! Ich wollte mir zuerst Ravenna angucken und die Mosaiken, von denen Vati immer redet. Aber natürlich – das mondäne Fräulein Sabina . . .!"

„Ihr könnt mit mir fahren!" Finny lächelte sie beruhigend an. „Ohne weiteres. Ich habe mir ja auch Rimini als eigentliches Ziel gesetzt. Bloß für heute haben wir genug geleistet. Jetzt paßt auf: Ich schlage vor, wir baden zunächst einmal, nach der Hitzen heut wird's uns gut tun – und dann suchen wir uns in aller Gemütlichkeit ein Nachtquartier, schauen uns morgen früh Ravenna an, und nachher geht's weiter nach Rimini. Was meint ihr dazu, ihr zwei?"

Corinna seufzte wieder. „Sie sind schrecklich nett", sagte sie stockend. „Das wäre alles bestimmt wunderschön, aber – das Dumme ist halt, daß die Hotels soviel kosten, und wir ..." Corinna öffnete ihren Beutel. „Mal gucken, wieviel wir noch haben ..."

Die Zählung ergab genau 791 Lire.

„Das klingt nach viel, wenn man an deutsches Geld denkt. Aber in Wirklichkeit sind's bloß ein paar Mark", erläuterte sie.

„Aber ja." Finny und Sepp lächelten. „Damit könnt ihr allerdings keine großen Sprünge mehr machen."

„Es wäre eventuell möglich, daß ich ..." Sepp schien mit sich selbst nicht einig zu sein. „Das heißt – gewiß weiß ich's nicht ..."

„Was denn? Heraus damit, Brüderl!" drängte Finny.

„Ich könnt euch vielleicht ein billiges Nachtquartier verschaffen, euch allen dreien. Dort, wo ich selber immer absteig. Es ist anzunehmen, daß die alte Dame momentan Platz hat."

Aber nun schien Mark plötzlich Bedenken zu bekommen. „Besser ist's wohl, wir fahren gleich nach Rimini weiter", erklärte er unerwartet in sehr bestimmtem Ton.

Alle sahen ihn an. Sepp lächelte. „Aha! Da meldet sich die Vernunft und die Vorsicht: Schenk nicht ohne weiteres wildfremden Menschen dein Vertrauen!"

Finny unterbrach ihn. Sie lachte hellauf. „Was? Denkst etwa, wir sind Menschenfresser oder Kindsräuber, wie?" fuhr sie Mark an.

Der wurde dunkelrot vor Ärger. „Sie haben selbst in Innsbruck etwas Ähnliches gesagt, nicht wahr?" warf er Sepp trotzig zu.

„Stimmt." Der junge Mann war jetzt ganz ernst geworden. „Ich bin auch durchaus deiner Meinung, Mark Aurel. Hab's ja schon festgestellt: Die Corinna darf froh sein, daß sie dich hat. Aber jetzt sag ich dir noch etwas, und das kannst mir genauso glauben wie das andere: Mein Schwesterl und ich, wir wollen euch nichts Böses – ganz im Gegenteil. Darauf könnt ihr euch verlassen. Und das Haus, in das ich euch bringen will, ist hochanständig, und die alte Dame ebenso gütig wie vornehm."

Mark hob den Blick. „Das glaub' ich schon – aber da ist so einiges – zum Beispiel ..." Er gab sich sichtlich einen Ruck. „Geschwister sind Sie doch überhaupt nicht", stieß er dann hervor.

Nun lachte Sepp, und auch Finny kicherte in sich hinein.

„Jetzt haben's uns erwischt, Brüderl!"

„Nicht wahr, Sie sind gar nicht Bruder und Schwester?" fragte auch Corinna.

„Keine Spur!" Finny prustete. „Wir kennen uns ja erst seit Ferrara. Aber schon dort beim Espressotrinken hat uns der Wirt als Geschwister ang'sprochen. Und nachher ein alter Bauer auf der Straße hinter Ferrara. Ihr seid die dritten g'wesen. Da haben wir bald angefangen, selber dran zu glauben, gelt, Seppl?"

Sepp lachte noch immer. „Verwandt sind wir jedenfalls nicht. Dabei fällt mir übrigens ein: Wir haben uns noch gar nicht richtig vorgestellt, dazu wird's ja wohl langsam Zeit. Also ich heiß Kahlenberg, Joseph Kahlenberg, und am liebsten ist's mir, wenn man mich kurzweg Sepp nennt. Und mein sogenanntes Schwesterl hier heißt Hufnagel – wenigstens hat's das behauptet ..."

„Wollt's meinen Paß sehen?" fragte Finny.

Aber darauf verzichteten die anderen gern. „Wir haben keine Bedenken mehr", erklärte Corinna großartig.

Sepp Kahlenberg aber legte seine Hand auf Marks Arm:

„Auch die deinen beseitigt?"

Mark nickte, wenn auch etwas zögernd.

„Also dann sind wir uns ja einig."

Sie stapften langsam weiter. „Gehen wir gleich zum Strand hinaus!" drängte Finny. „Grad jetzt, wo's auf den Abend zugeht, denk ich mir ein Bad im Meer besonders schön!"

Wieder tat sich die bewegte Weite vor ihnen auf. Die Sonne stand schon schräg und ließ ein paar rotbraune und gelbe Segel in der Ferne grell aufleuchten.

„Das Meer ist fast so blau wie der Gardasee", sagte Corinna vor sich hin.

Dann aber erschrak sie. „So? Sie waren also am Gardasee?" fragte Sepp neben ihr. Es sollte wohl gleichgültig und wie nebenbei klingen, aber sie hörte eine gewisse Schärfe in seiner Stimme mitschwingen und sah, aufblickend, seine Augen wieder mit dem beobachtenden Ausdruck auf sich gerichtet wie im Gasthaus und auf der Post. Gleichzeitig spürte sie, daß Mark, der an ihrer anderen Seite stand, ihr einen gelinden Rippenstoß versetzte.

„Ach nein", antwortete sie schnell. „Ich habe bloß davon erzählen hören ..." und erschrak dann im selben Augenblick noch mehr über die eigenen Worte. Klangen sie nicht ziemlich unglaubwürdig? Außerdem war es gelogen. Warum habe ich denn nicht die Wahrheit gesagt? fragte sie sich. Schließlich können Mark und ich ja tun und lassen, was wir wollen. Und ob wir am Gardasee waren oder nicht, das geht diesen Sepp Kahlenberg überhaupt nichts an. Es war dumm zu lügen. Aber jetzt ist es geschehen, und ich kann es nicht mehr zurücknehmen.

Sie streifte Marks Gesicht mit einem Seitenblick. Es sah verschlossen und unbeweglich aus. Sein Mißtrauen gegen diesen fremden jungen Mann war nicht beseitigt, das merkte sie wohl.

Finny hatte nichts von dem kleinen Zwischenspiel bemerkt. Sie blickte mit glänzenden Augen auf das Meer hinaus. „Wie das hier nach Salz riecht! Und der herrliche frische Wind! Kinder, so hab ich's mir gedacht, das Mittelmeer! Bin ich froh, daß ich hier bin! Gut geht's uns, ganz unverdient gut, wißt ihr das?"

Corinna atmete tief auf. Nein, es hatte wirklich keinen Sinn, sich die Freude an all dieser Herrlichkeit hier durch Mißtrauen und Grübeleien zu verderben. Sie waren in Italien, vor ihnen lag das blaue Meer. Gleich würden seine sanften, gläsern schimmernden Wellen über sie hinfluten. Später würden sie alle wieder in das rote Auto steigen und neuen Abenteuern entgegenfahren – nein, Finny hatte schon recht, es erging ihnen wirklich unverdient gut.

„Ja", sagte Corinna, „ja, das stimmt. Nicht wahr, Mark?" setzte sie hinzu.

„Hm. Doch ja", antwortete Mark.

Das Nachtgespenst

Die alte Dame, von der Sepp Kahlenberg gesprochen hatte, hieß Signora Amanda Torrini, hatte graue Haare und ein freundliches Gesicht mit lebhaften schwarzen Augen. Sie sah ebenso würdig aus wie ihr Haus, das allerdings bedeutend älter war als seine Besitzerin, denn es stammte aus dem 14. Jahrhundert. Vor diesem Haus, das Sepp Kahlenberg übrigens als „Palazzo" bezeichnete, parkte nun also der rote Wagen, und seine Insassen standen, ein wenig müde nach ihrem ausgiebigen Meerbad und hungrig wie die Wölfe in einem düsteren Hausflur herum und warteten darauf, ob es der Signora gefallen werde, sie bei sich aufzunehmen.

Sepp Kahlenberg sprach mit der Dame. Es war eine lange und lebhafte Unterhaltung auf italienisch, von der Corinna und Mark nichts verstanden. Ihnen fiel nur auf, daß Frau Torrini sehr erregt schien: sie schüttelte immer wieder den Kopf, schlug die Hände zusammen oder hob sie wie anklagend zum Himmel empor. Ihr bewegliches Gesicht drückte abwechselnd Empörung, Verzweiflung oder schmerzliches Erstaunen aus. Sie redete viel mit schriller Stimme, und von Zeit zu Zeit glaubte Corinna den Namen Sandro oder auch Signor Sandro herauszuhören.

Sie lauschte etwas ängstlich, denn sie wußte nicht recht, bezog sich dieser ganze Wortschwall auf die Ankunft der unerwarteten Gäste und ihre Quartierwünsche, oder war von etwas anderem die Rede? Was sollte werden, wenn die Signora sie abwies oder einen unannehmbaren Preis verlangte?

Aber dann war die Unterredung ganz plötzlich zu Ende. Die Signora schien zusammenzuschrecken. Sie lächelte die drei Wartenden mit schuldbewußter Liebenswürdigkeit an, winkte ihnen zu und lief voran durch die verzwickten und finsteren Gänge des alten Hauses, verschiedene kleine Treppen auf und ab und an vielen Türen vorüber.

Zuletzt wurde Mark in ein kleines, schlauchähnliches Kämmerlein gewiesen, während Finny und Corinna gemeinsam ein großes, hohes Zimmer beziehen durften, in dem allerdings außer den zwei Betten so gut wie gar keine Möbel standen.

Mit weitausladenden Handbewegungen überantwortete die Signora den beiden Mädchen das Zimmer als ihr Reich, lächelte und sagte noch einiges Unverständliche. Dann schloß sich die Tür geräuschvoll hinter der lebhaften Dame.

Finny und Corinna blickten prüfend umher. Der Boden des Raumes war aus Stein, der Verputz bröckelte von den Wänden. Einen Schrank gab es nicht und nur einen einzigen wackligen, aber schön geschnitzten Stuhl.

Da Corinna diesen eben mit ihren Habseligkeiten belegte, stellte

Finny ihren Koffer auf einem der Betten ab. „Komisch", sagte sie, „hier haben sie immer bloß so eine Art Bettüberwurf, anstatt der Decken."

„Ja, das ist mir auch schon aufgefallen. Aber man braucht eigentlich nichts anderes", antwortete Corinna. „In Padua war mir sogar das Leintuch noch zu heiß." Sie setzte sich auf den Bettrand. „Ob die Dame sehr erbaut davon war, uns als Gäste zu kriegen? Sie hat so aufgeregt geredet."

„Ach, das ist die italienische Art, sich zu unterhalten. Bei denen klingt's immer, als hätten sie den größten Krach miteinander, und dabei führen sie in Wirklichkeit das harmloseste und friedlichste Gespräch von der Welt."

„Haben Sie verstanden, was die zwei eben geredet haben?"

„So gut wie nichts. Aber von uns ist kaum die Red' gewesen, glaub' ich. Sie haben von jemand gesprochen, der Sandro heißt..."

„Sie können also auch nicht besonders gut Italienisch?"

„Aber gar nicht, leider." Finny kramte in ihrem Koffer herum. „Ich hab da so ein Bücherl, da stehen italienische Wörter und Redensarten drin. Mit denen helf ich mir durch, so gut's halt geht." Finny richtete sich auf. „Übrigens, Corinna, ich mein, wir sagen jetzt ‚du' zusammen. Das dumme Gesieze – unter jungen Menschen kann ich das auf den Tod nicht leiden."

„Ich auch nicht." Corinna streckte ihre Hand über das Bett hinüber. „Wir dürften ja so ziemlich gleich alt sein. Ich bin nämlich schon siebzehn, wenn mir's auch niemand glaubt. Und du? Darfst du überhaupt schon einen Wagen steuern? Bist du bereits achtzehn?"

Finny lachte sie an, während sie sich mit dem Kamm durch die knisternden Locken fuhr. „Soll ich jetzt sagen: Dank' schön fürs Kompliment? Letzten Monat bin ich einundzwanzig geworden – ich bin mündig, meine Liebe, und staatlich geprüfte Gymnastiklehrerin obendrein!"

Corinna sprang vor Erstaunen auf. „Aber nein, das glaube ich nicht!"

„Tatsache, ob du's glaubst oder nicht. Der Sepp hat mich auch erst für ein kleines Mäderl gehalten. Das tun alle Leut – leider!"

„Kennst du ihn wirklich erst seit Ferrara?"

„Ja. Da hat er mir aus der Patsche geholfen. Wie ich am frühen Morgen durch die Stadt gegondelt bin, hab ich mich ung'schickt ang'stellt und wär um ein Haar mit einem Lieferwagen zusammeng'stoßen. Da gab's ein großes Geschrei, und alles, was auf der Straße war, ist um mich herumg'standen und hat auf mich eing'redet mit viel Aufregung und Handbewegungen, daß ich grad gemeint hab, die Kerle bringen mich um. Und ich hab doch kein Wort verstanden! Da ist der Sepp als rettender Engel erschienen, hat gedolmetscht und die Leut beruhigt. Dann gab's ein großes Gelächter und Händeschütteln und ‚bella signora bionda' und alles war in schönster Ordnung. Auf den Schreck hin haben mein Retter und ich uns einen Espresso – du kennst ja wohl den schwarzen italienischen Kaffee? – genehmigt und sind dabei ins Plaudern gekommen. Und dann hat er mich g'fragt, ob er mitfahren darf bis Ravenna. Ich nehm ja sonst grundsätzlich keine Mannsbilder im Wagen mit. Aber ihm hab ich's nicht abschlagen mögen, wo er mir grad den Gefallen getan hatte. Und ich muß auch sagen, er hat mir einen so netten und anständigen Eindruck gemacht ..." Finny unterbrach sich. „Aber sag – so was wie einen Waschtisch scheint's da nicht zu geben? Meine Haut fühlt sich nämlich ganz klebrig von dem salzigen Meerwasser an."

„Vielleicht dort?" Corinna wies auf eine kleine Seitentür in der Wand des Zimmers.

Finny öffnete sie und spähte hinaus. „Ein Badzimmer ist's nicht, bloß ein Korridor."

Gefolgt von Corinna, die die Neugier trieb, betrat sie den schmalen Gang, der sich hinter der Tür anschloß. Hier war es hell, denn durch eine lange Reihe kleiner, in Blei gefaßter Scheiben schien die Abendsonne herein. Ihr rötliches Licht überstrahlte eine Anzahl Bilder, die, eins dicht ans andere gereiht, die Wand des Korridors schmückten.

Die Mädchen betrachteten sie. „Sind die nun alt oder modern?" fragte Corinna verwundert.

„Modern, glaub ich", meinte Finny. „Das ist wohl so die Art, die man surrealistisch nennt. Grausliges Zeug", urteilte sie schaudernd und wandte sich ab.

Corinna aber konnte sich nicht so schnell von dem Anblick der

Bilder lösen. Seltsam genug wirkten sie: In gespenstischen Landschaften bewegten sich ebenso gespenstische Menschenwesen. Dinge des Alltagsgebrauchs schwebten haltlos in der Luft umher oder wuchsen sich unversehens zu wunderlichen Fratzen und verzerrten Ungeheuern aus. Fremdartige Gestirne gingen an düsteren Horizonten auf, und unwirkliche Phantasietiere schienen erbitterte Kämpfe miteinander auszufechten.

Dabei war diese ganze wirre Märchenwelt mit der minutiösen Genauigkeit und plastischen Schärfe gemalt, wie man sie sonst auf den Bildern alter Meister findet. Und auch die gedämpften und doch wie durchsichtig schimmernden Farben hatten etwas durchaus Altmeisterliches an sich.

„Verrückt!" Corinna schüttelte den Kopf. „Der das gemalt hat, spinnt ein bißchen, glaube ich. Aber können tut er was. Toll gemalt sind die Dinger."

„Ich versteh nix davon", sagte Finny. „Ich seh nur, daß sie grauslig sind. Hoffentlich träum' ich nicht heut nacht, daß die Tür aufgeht und die Gespenster kommen und mir den Hals umdrehen."

Corinna lachte. „Ich bin ja bei dir, ich verteidige dich."

„Dank dir schön. Wo's da wohl hingeht?" Das Ende des Korridors schloß ein dunkelroter, verstaubter Vorhang ab. Finny hob ihn vorsichtig und öffnete die dahinter verborgene Tür. „Ach je – wieder Bilder! Ein Waschtisch wär mir jetzt lieber", sagte sie.

Nach der Helle des Ganges draußen wirkte das Zimmer, das sie betraten, fast dunkel. Die Läden vor den hohen Fenstern waren halb geschlossen, nur einige matte Lichtstreifen fielen in den großen Raum herein.

Corinna ging von einer Wand zur andern. Allmählich gewöhnten sich ihre Augen an das Dämmerlicht. „Hier hängen aber tatsächlich durchweg alte Bilder – oder Kopien nach alten Meistern", stellte sie sachkundig fest. „Das hier sieht ganz nach Filippo Lippi aus, und das nach Botticelli ... Mein Gott, wenn die alle echt sind, dann besitzt die alte Signora ein Vermögen in Bildern."

„Vielleicht ist der selige Signor Torrini ein Sammler gewesen. Ich nehm doch an, daß die Dame Witwe ist", vermutete Finny. „Aber wie man Geld ausgeben kann für solches Zeug, wie's da nebenan hängt, das ist mir schleierhaft."

„Diese hier sind dafür um so schöner. Herrliche Sachen", erklärte Corinna begeistert. „Guck nur den Männerkopf da an! Ein richtiger Renaissancemensch!" Sie wies auf das Brustbildnis eines Mannes, das groß in der Mitte der Wand prangte.

Finny trat zu ihr. Gemeinsam betrachteten sie das ziemlich dunkle Ölgemälde. „Gut aussehen tut der schon. Aber –" Finny wiegte nachdenklich den Kopf „woran's liegt, könnt ich nicht einmal sagen, aber ich glaub, vor dem tät ich mich fürchten, wenn ich ihm in natura begegnen tät."

„Ich weiß nicht." Corinna blickte zu dem gemalten Mann empor. Sein Alter war nicht zu schätzen, doch mochte er eher jung als alt gewesen sein, als der Maler sein Gesicht auf der Leinwand festgehalten hatte. Das lange, schmale, bartlose Gesicht wirkte vornehm und willensstark, zugleich aber lag um den dünnlippigen Mund ein Zug von Weltverachtung, ja von Grausamkeit, und die dunklen Augen blickten den Besucher mit fast höhnischer Eindringlichkeit an, als wollten sie sagen: „Wer bist du, kleiner Wicht, gemessen an meiner eigenen Größe und Macht?" Die Nase des Mannes erinnerte Corinna an die der Schwestern Barghelli. Sonst sah er zum Glück ziemlich anders aus. Eigentlich gefällt er mir nicht schlecht, dachte Corinna. Ein Mensch der Renaissance, irgendein mächtiger Fürst oder Heerführer. „So denke ich mir den Sigismondo Malatesta", sagte sie.

„Wer war denn das?"

„Der hat in Rimini gelebt. Wir müssen dort unbedingt sein Schloß besuchen, wenn wir hinkommen. Das war auch so ein toller Kerl, wie sie nur in der Zeit der Renaissance in Italien vorkamen, gewalttätig und wild und verschlagen, dabei ungemein gebildet und für Künste und Philosophie und was weiß ich noch alles aufgeschlossen. Ich habe mal über ihn gelesen, über ihn und seine Gattin, die blonde Isotta ..."

„Blond ist die gewesen?"

„Ja, so wie du vermutlich. Und eine Dichterin war sie – und sehr klug, vor allem was die Führung der Staatsgeschäfte betraf."

„Dann hat sie allerdings mehr verstanden als ich." Auch Finny schaute noch immer zu dem Bilde auf. „Erstaunlich, wie das gemalt ist! Man meint, der Kerl lebt! Aber du, mir graust halt doch ein bisserl vor ihm. Ich möcht, weiß Gott, seine Isotta nicht gewesen sein. Vielleicht macht's das rote Wams mit dem hochgestellten Kragen – das läßt mich an einen Henker denken . . ."

„Mag sein." Auch Corinna fühlte jetzt, wie ein leichter Schauder über ihren Rücken lief. Finny hatte recht, irgend etwas Unheimliches stand in dem Blick des gemalten Mannes.

„Komm! Schauen wir uns lieber nach einer Waschgelegenheit um. Zum Glück liegt der Kerl ja wohl seit etwa vierhundert Jahren im Grabe", sagte Finny.

„Vielleicht geht er hier nachts als Gespenst um!"

„Auch das noch. Sag bloß sowas nicht! Die Bilder nebenan genügen mir völlig zum Alpdruckkriegen,"

„Schläfst du im allgemeinen schlecht?"

Finny lachte. „Aber nein. Ich hab' einen Schlaf wie ein Murmeltier. Schnarchen tu ich auch, das will ich dir nur gleich sagen."

Sie rissen sich von dem Anblick des Bildes los. Außer der Tür, durch die sie hereingekommen waren, gab es noch einen weiteren Ausgang aus diesem Zimmer. Aber diese Tür war verschlossen, und so mußten sie wohl oder übel wieder durch die kleine Galerie in ihr Zimmer zurückkehren.

Sie hatten es kaum erreicht, als an die Gangtür geklopft wurde. „Ich soll euch fragen, wie lange ihr noch zu brauchen gedenkt", rief Marks Stimme. „In einer Viertelstunde wird zu Abend gegessen – der Herr Kahlenberg gibt sich die Ehre, uns alle dazu einzuladen."

„Da schau her! Wie großartig!" Finny kicherte in sich hinein.

„Wir kommen gleich", rief Corinna.

*

Pünktlich eine Viertelstunde später tasteten sich Finny und Corinna durch die düsteren Gänge und über die auf- und abführenden Treppen des winkligen Hauses.

Sepp Kahlenberg kam ihnen entgegen und geleitete sie mit einer gewissen Feierlichkeit auf eine Loggia hinaus, wo sie ein gedeckter Tisch erwartete.

Corinna sah sofort, daß ihr neuer Bekannter sich umgekleidet hatte. Er trug jetzt einen weißen, gutgeschnittenen Sommeranzug.

Corinna fand, daß er ihm ausgezeichnet stand. Auch Finny hatte ein anderes Kleid angezogen, ein hellblaues mit zartgelben Streifen, in dem sie reizend aussah, und Corinna bedauerte zum erstenmal auf dieser Reise, daß sie einen so kleinen Koffer mitgenommen hatte. Aber – ach was – schließlich war ihr grünweißes Kleid ja hübsch genug, wenn es durch das Sitzen im Auto auch leider ein bißchen zerdrückt war.

„Bitte sehr, meine Damen!" Mit einer Handbewegung lud Sepp Kahlenberg die Mädchen ein, am Tisch Platz zu nehmen, hinter dem Mark bereits einsam und erwartungsvoll saß. Sie ließen sich nieder und blickten erfreut umher. Dichtes Rankenwerk umspann die Säulen der Loggia, dazwischen blitzten die roten Strahlen der untergehenden Sonne und spiegelten sich in dem feinen Porzellan und Glas, das den Tisch schmückte. Sogar ein paar Blumen standen da. Sie waren flammend rot und leuchteten in der Sonne wie Rubine.

Eine ältliche Hausgehilfin trug die Speisen auf, und Frau Torrini selbst ging ab und zu und ermunterte die Gäste zum Zugreifen. Es gab ausnahmsweise keine Spaghetti, sondern eine dicke Suppe, dann gebratenes Fleisch mit allerlei rätselhaften, aber sehr wohlschmeckenden Gemüsen und zuletzt noch gezuckerte Melonenscheiben.

Ein wahres Festmahl, das den eifrigsten Zuspruch fand. Auch die beiden üblichen Karaffen mit Wein und Wasser fehlten nicht auf dem Tisch. Sepp Kahlenberg schenkte ein; er mischte Wein und Wasser sehr sorgfältig in Corinnas und Marks Gläsern, enthielt sich aber jeder Ermahnung oder taktlosen Anspielung auf die Jugend der Geschwister.

Corinna, die schon dergleichen nahen gefühlt hatte, sah ihn dankbar an und merkte, daß er ihr zulächelte, nicht überlegen und spottend jetzt, sondern mit freundschaftlicher Herzlichkeit. Er ist doch riesig nett, dachte sie tiefatmend und widmete sich dann mit gesteigertem Vergnügen dem herrlichen Mahl.

Nach dem Essen blieben sie um den Tisch sitzen, während die Sonnenstrahlen erloschen und eine rote Dämmerung die kleine Loggia zu füllen begann. Die Pläne für den morgigen Tag wurden besprochen.

„Nehmt euch nicht zu viel auf einmal vor", warnte Sepp, „man wird allzu müde, wenn man so eine Menge Dinge hintereinander aufnehmen muß, und hat nachher von keinem einen rechten Eindruck. Kommt lieber in den nächsten Tagen wieder von Rimini herüber und guckt euch in Ruhe noch ein paar von Ravennas vielen Kirchen an. Jede ist sehenswert, weil eine immer älter ist als die andere. Die Bauten aus der Gotenzeit – also die aus dem 6. Jahrhundert nach Christus – werden hier schon sozusagen zur ‚Neuzeit' gerechnet; als richtig ehrwürdig gilt nur, was aus der römischen Kaiserzeit stammt."

„Siehst du, Mark, hier bist du am rechten Platz", bemerkte Corinna, ihrem Bruder zunickend.

„Als ehrwürdiges Museumsstück? Danke sehr – fühle mich außerordentlich geschmeichelt."

Finny lachte. Aber Corinna bestand auf ihrer Meinung. „Vati hat dich Mark Aurel getauft, weil er gern einen antiken Römer zum Sohn haben wollte. Und jetzt hast du dich eben als ein solcher zu fühlen, ob du willst oder nicht!"

Die anderen lachten wieder. „Als was fühlen denn Sie sich, Fräulein Corinna?" fragte Sepp Kahlenberg. „Aus welcher Zeit und Welt stammt Ihr Name?"

„Der ist griechisch", antwortete Corinna. Sie erinnerte sich plötzlich an das, war er im Bahnhofsrestaurant in Innsbruck über ihren Namen gesagt hatte: Sehr reizvoll – paßt zu Ihnen! Wenn er doch einmal wieder etwas so Nettes sagen würde! „Meinen Namen hat unsere Mutter ausgesucht", fuhr sie fort, „eine griechische Dichterin hat so geheißen, glaube ich. Aber wenn ich mir eine Zeit wählen dürfte, in der ich gern gelebt hätte, dann müßte es die italienische Renaissance sein. Da waren die Leute noch nicht so spießig und langweilig wie heute. Sie hatten eine Menge für Kunst übrig und überhaupt – wenn man ihre Bilder anguckt, dann sieht man, daß sie was los hatten – daß – daß etwas an ihnen war ..." Corinna suchte nach den richtigen Worten.

„Daß sie Persönlichkeiten waren, ja." Sepp Kahlenberg half ihr aus. „Das stimmt. Die Renaissance ist das Zeitalter der ausgeprägten Persönlichkeiten. Freilich auch der übersteigerten Gewaltmenschen, Fanatiker, Narren. Aber wenn man an die Gemälde Botticellis, Filippo Lippis oder Gozzolis denkt, ist sie ebenso auch das Zeitalter der jungen, strahlend-frischen und doch auch eigengeprägten Gesichter."

Sein Blick lag jetzt wieder so aufmerksam auf Corinna, daß sie unwillkürlich die Augen senkte.

„Sie mögen schon recht haben, Fräulein Corinna", fuhr er halblaut fort, „Ihr Gesicht würde tatsächlich in eines dieser Bilder passen. Ich denke da zum Beispiel an eine Darstellung des jungen Tobias mit den Engeln."

Corinna zuckte unwillkürlich ein bißchen zusammen. Sollte das eine Anspielung auf den Inhalt des Päckchens sein? Vorsichtig schielte sie zur Seite und begegnete dem Blick der hellen Augen.

Plötzlich ärgerte sie sich. Nein, er sollte enttäuscht werden! All seine forschenden Blicke, die ganze unausstehliche Hellseherei sollte an der Undurchdringlichkeit ihrer Mienen abprallen. „Ach, wirklich?" fragte sie nur kühl zurück und gab sich Mühe, ein gänzlich unbeteiligtes Gesicht zu machen.

Er schien ihre Anstrengungen aber nicht zu bemerken. „Ja, Tatsache", bestätigte er und fuhr dann im selben nachdenklichen Ton fort: „Wenn Sie so viel für die Renaissance übrig haben, dann müssen Sie aber vor allem den Tempio Malatestiano in Rimini ansehen. Da haben Sie die ganze Eigenart jenes Zeitalters sozusagen gesammelt vor Augen: Eine Kirche und ein heidnischer Tempel in einem, ein Bauwerk, das dem heiligen Franz geweiht ist, aber ganz antik ausschaut, in dem die Gestalten der griechischen Mythologie ihr Wesen treiben, Venus und Diana in Stein gehauen zu sehen sind und eine Fülle von Engeln oder Putten, die sich so natürlich benehmen, wie heutige kleine Buben und Mädel. Und letzten Endes dient das Ganze doch bloß dem Gedächtnis und der Verherrlichung des fürstlichen Hauses der Malatesta und insbesondere eben zweier überragender Persönlichkeiten, des Sigismondo und der Isotta ..."

„Sigismondo?" Nun fuhr Corinna doch aus ihrer künstlich gleichgültigen Haltung auf. Alles Mißtrauen war vergessen. „Von dem haben wir vorhin noch gesprochen, gelt, Finny? Ich weiß eine ganze Menge über ihn. Das heißt, besonders viel ist es nicht." Sie schüttelte sich ärgerlich, denn Mark hatte sich bedeutungsvoll geräuspert. „Ich habe mal einen Aufsatz über die Malatesta gelesen, aber die Hälfte wieder vergessen. Doch das weiß ich noch, daß der Sigismondo ein toller Kerl war, ein echter Renaissancemensch."

„Manchmal hat er's wohl ein bisserl zu toll getrieben", schaltete sich Sepp ein. „Wahrscheinlich hätten Sie Angst vor ihm bekommen, wenn Sie ihm leibhaftig begegnet wären. Was meinen Sie?"

„Ich? Aber ganz gewiß nicht. Ich bin nicht so ängstlich. Oder glauben Sie das von mir?"

„Mit solchen Renaissancemenschen war wohl nicht immer gut Kirschen essen. Und wenn kleine Mäderln ..."

„Kleine Mäderln!" Corinna schüttelte empört den Kopf, daß ihr Haarschopf nur so flog. „Erstens bin ich nicht klein, und zweitens wissen Sie überhaupt nichts von mir!"

„Da der gefährliche Herr Sigismondo schon seit ein paar hundert Jahren im Grabe ruht, so braucht's ihr euch ja nicht darüber zu streiten, was die Corinna tät, wenn sie ihm begegnen würd'", griff Finny schlichtend ein. „Ausgenommen der Herr Sigismondo tät sich aufs Geistern verlegen."

Nun lachten sie alle. „Nein, der liegt gut eingeschlossen in seinem Sarg im Tempio Malatestiano", beruhigte Sepp.

„Gut, besuchen wir ihn dort gleich morgen!"

„Und den Dufay im Schloß der Malatesta", ergänzte Corinna. „Der hat nämlich dort gelebt – als Jüngling von dreiundzwanzig Jahren."

„Dufay? Wer ist denn das? Den kenn ja sogar ich nicht mal", wunderte sich Sepp.

„Sie sind eben kein Musiker. Dufay war ein Komponist, einer von den frühen Niederländer Meistern – ein ganz großer übrigens. Er war eine Zeitlang Hofkomponist der Malatesta in Rimini. Herrliche Messen hat er geschrieben, und sogenannte Chansons zu mehreren Stimmen, meist mit altfranzösischem Text. Die mag ich besonders gern, sie klingen noch ganz mittelalterlich, finde ich, nach dunklen alten Schlössern, verzauberten Prinzessinnen, Minnesängern und weihrauchduftenden Kirchen."

Finny und Sepp lächelten über Corinnas Eifer.

„Glaubst du's nicht?" Corinna sprang auf. „Ich habe ein paar davon da. Ihr sollt gleich selber urteilen!"

Ohne Besinnen rannte sie davon, um Flöte und Noten zu holen. Da es drinnen im Hause aber bereits stockdunkel war, zögerte sie dann doch und war froh, als Sepp ihr nachkam, die Lichtschalter für sie drehte und sie durch das Labyrinth der Zimmer und Gänge lotste.

„Ein sonderbares Haus! Und schrecklich weitläufig", meinte Corinna, während sie die kleinen Treppen hinauf- und hinabkletterten. „Wohnt denn die Signora ganz allein hier?"

„Sie hat einen Mieter. Aber der ist zur Zeit verreist. Deshalb gab es auch Platz für uns alle."

Als sie auf die Loggia zurückgekehrt waren, stellte Sepp Kahlenberg eine Stehlampe auf den Tisch. In ihrem Schein packte Corinna die Flöte aus.

„Also – dies hier ist die Amaryllis, meine Altflöte. Ich habe noch mehr, eine Querflöte zum Beispiel, die Konrad heißt, denn für Konzert und Orchester kommt natürlich in erster Linie die Querflöte in Frage. Aber da ich nun mal fürs Romantische und Unpraktische bin, sind mir meine Blockflöten doch am liebsten. Die Dufay-Chansons hat einer meiner Hochschulkollegen in der Bibliothek abgeschrieben und überarbeitet – ihr werdet gleich hören, wie schön sie klingen."

Corinna bog den Kopf über das Notenblatt und setzte die Flöte an die Lippen. Das Licht der Lampe lag auf ihrem Gesicht und spiegelte sich in ihren dunklen Augen, die jetzt einen ganz ernsthaft-andächtigen Ausdruck bekamen. Die anderen sahen sie an, und selbst Mark dachte plötzlich, daß seine Schwester doch eigentlich ein hübsches Mädchen sei. Hübsch? Nein, das Wort mochte vielleicht auf Sabina passen. Corinna war nicht hübsch – konnte man sie am Ende schön nennen? Nicht immer, bestimmt nicht immer, dachte Mark, aber jetzt ist sie schön. Diese Finny reicht nicht an sie heran, und Sabina auch nicht.

Corinna spielte die Oberstimme des alten Liedes. Dann sah sie auf. „Eigentlich müßte man es ja mehrstimmig singen oder spielen – so hat man nicht den rechten Eindruck."

„Von Schlössern und Prinzessinnen habe ich ja nichts gehört, aber es klang sehr schön", sagte Finny. Sie zog das Notenblatt zu sich heran. „Ist ein Text dabei?"

„Ja. Er ist altfranzösisch. Kannst du vielleicht singen, Finny?"

„Ein bisserl. Ich hab mal in einem Chor mitgesungen. Aber solch ganz alte Musik ..." Sie sah zweifelnd auf das Blatt nieder.

„Ach, probier's! Ich sing dir die Melodie ein paarmal vor. Das hast du schnell. Wir nehmen die deutsche Übersetzung, dann hast du's leichter", bat Corinna eifrig. „Komm, summ einmal mit!" Und sie begann halblaut: „Wie fände Liebe der Worte genug, zu preisen dich mit jedem Atemzug ..."

Finnys Stimme fiel ein, hell und zart und überraschend anmutig im Klang. Schon nach kurzer Zeit hatte sie die Melodie erfaßt und sang sie fehlerlos durch.

„Wunderbar!" rief Corinna.

Nun sang Finny, und Corinna spielte die zweite Stimme auf der Flöte. Nur die Unterstimme fehlte. Aber als sie gerade sangen: „Nur dir will ich mein Herz zu eigen geben", da mischte sich unversehens noch ein anderer, dunklerer Klang in das helle Gewebe der Oberstimmen. Ein wenig zögernd und leise, aber rein untermauerte er mit der tiefen Sicherheit des Grundbasses das zarte Gespinst des alten Satzes und rundete ihn ab zu einem Ganzen von durchsichtiger und fast unwirklicher Schönheit.

Sepp Kahlenberg hatte sich lautlos hinter die Mädchen gestellt. Ein wenig über sie geneigt, verfolgte er die Noten auf dem Blatt mit den Augen.

Corinna hatte sich schnell einmal umgesehen. Sein Gesicht war dem ihren ganz nahe, es lächelte und sang. Rasch drehte sie den Kopf wieder weg und spielte weiter.

„... mein Herz zu eigen geben, das immer stumm dein Bildnis in sich trug", sangen sie.

Als das Lied zu Ende war, blieb es eine Weile still. Man hörte nichts als das Summen des Straßenverkehrs draußen, das wie aus weiter Ferne in das Schweigen drang. Sepp Kahlenberg hatte sich aufgerichtet und stand stumm hinter den Mädchen.

Langsam nahm Corinna die Flöte vom Mund. „Das hätte ich nicht gedacht", sagte sie nach einer Weile leise.

„Was?" fragte Finny.

„Daß ich auf dieser Reise zwei Menschen finden würde, mit denen ich so schön Dufay singen könnte. Das ist das Wunderbarste von allem." Sie wandte den Kopf und sah zu Sepp Kahlenberg auf. „Sind Sie denn auch Musiker? Sie haben das ja fehlerlos vom Blatt gesungen."

Der junge Mann lächelte auf sie herunter. „Ich hab die Musik lieb. Aber alles kann man ja nicht ausbilden und lernen. Ich bin Maler. Oder vielmehr: ich will erst einer werden ..."

„Aber musikalisch sind Sie auch!" Corinnas Gesicht strahlte. „Da können wir noch eine Menge zusammen singen und spielen, wir drei. Eure Stimmen gehen beide wunderbar mit der Altflöte zusammen. Das findet man selten so. Wir müssen noch oft, oft miteinander musizieren, hört ihr!"

„Und der Mark Aurel?" fragte Sepp in das Dunkel hinein, in dem Mark saß.

„Die alten Römer waren unmusikalisch. Und davon hat er leider etwas mitgekriegt", seufzte Corinna. „Oder er tut wenigstens so."

„Es muß auch Zuhörer geben", sagte Mark aus dem Schatten heraus.

„Sehr richtig. Also – machen wir weiter!" Sepp nahm Corinna die Flöte aus der Hand und versuchte ein paar Töne.

„Flöte blasen können Sie auch?"

„Mein Herr Bruder entpuppt sich ja als wahres Universalgenie!" ergänzte Finny.

Aber Sepp schüttelte den Kopf. „Als Bub hab' ich gespielt. Das ist eine Weile her. Ich muß es erst wieder lernen."

„Ich werd's Ihnen beibringen, passen Sie auf!"

„Ja, tun Sie das, Corinna! Übrigens – Finerl, etwas ganz anderes – eine Frage: Nehmen Sie mich morgen auch noch nach Rimini mit? Ein Freund, den ich unbedingt sprechen muß, ist zur Zeit dort – das hab' ich erst vorhin erfahren."

Finny lächelte in sich hinein. „Will mir's überlegen. Ohne Unterstimme klingt der Gesang ja nicht so gut. Das muß ich zugeben. Also – da werd' ich halt wohl oder übel ja sagen müssen."

*

„Der Herr Kahlenberg scheint sich nicht von uns trennen zu können", sagte Finny später, als Corinna und sie nebeneinander in den

Betten lagen, „oder vielmehr ..." Sie brach ab und schien im Dunkel zu lächeln.

„Meinst du, daß das mit dem Freund nicht stimmt?" fragte Corinna.

„Weiß nicht. Auf alle Fälle ..." Finny schwieg wieder.

„Was – auf alle Fälle?"

„Singt er gern mit deiner Flöte zusammen." Finny kicherte ein wenig. „Das hat man heute abend gemerkt."

„Er singt aber auch sehr gut vom Blatt", Corinna stützte sich auf den Ellbogen auf. „Du ja auch. Aber er noch besser ..."

„Viel besser. Gar kein Vergleich. Maler hat er g'sagt, sei er? Was der wohl so malt? Hoffentlich nicht solches Zeug, wie das da nebenan."

„Sicher nicht. Hast du auch nicht gewußt, daß er Maler ist?"

„Keine Ahnung gehabt. Ich kenn' ihn ja auch nicht viel besser als ihr. Was redet man so miteinander, wenn man im Auto sitzt? Ein bisserl Pflaumerei halt und alberne Redensarten, Brüderl und Schwesterl und ähnlicher Unsinn, weil's uns beiden natürlich komisch vorkam, daß alle uns als Geschwister angesprochen haben."

„Zuerst habt ihr sogar ‚du' gesagt", murmelte Corinna, während sie sich wieder zurücksinken ließ.

„Bloß aus Ulk. Siehst ja, daß wir uns siezen." Wieder lachte Finny halblaut. „Meinst, ich hab mich etwa in ihn verliebt? Keine Spur. Nett find ich ihn – aber erstens guck ich ihn schon unwillkürlich als eine Art Bruder an, und dann hat er sich, offen gestanden, für meinen Geschmack auch ein bisserl zu wichtig mit seiner Hellseherei und so weiter."

„Es ist aber schon merkwürdig." Corinna drehte unruhig den Kopf auf dem kleinen, harten Kopfkissen hin und her.

„Ach, geh mir weg! Mußt das nicht zu ernst nehmen, Corinna. Das ist halt einer, der seine Augen offen hält und zwei und zwei zusammenzählen kann. Aber ich find', er macht sich damit gern ein bissel groß. Na ja, die Mannsleut sind schon so, die spielen mit Wonne die Überlegenen, auch wenn vorn und hinten nichts dran ist." Finny gähnte herzhaft. „Ich hab' aber trotzdem nichts dagegen, wenn er morgen nochmal mit uns fährt. Du wohl auch nicht?"

„Nein, aber ..."

„Weißt, Corinna, ich glaub, wir machen jetzt am besten die Augen zu.“ Finerl gähnte wieder. „Ich bin rechtschaffen müde. Diese Meerbäder ... Also – schlaf gut, Kindel, träum etwas Schönes – nicht von den grausligen Bildern ...“ Das weitere verlor sich in einem undeutlichen Gemurmel, das gleich darauf von gleichmäßigen Atemzügen abgelöst wurde.

Corinna seufzte unhörbar. Nun mußte man also zu schlafen versuchen. Aber leider fühlte sie sich kein bißchen schläfrig – trotz des Meerbades.

Sie lag mit den Händen unter dem Kopf da und starrte in die unbestimmte Dämmerung des Zimmers hinein. Das Fenster stand offen, sein Viereck zeichnete sich mattgrau gegen die Dunkelheit ringsum ab. Immer noch drang der Straßenlärm herein, er war hier lauter zu hören als drüben auf der Loggia.

Sonderbar, wie lärmend das nächtliche Straßenleben in Italien doch war! Ein unaufhörliches Hupen, Motorengebrumm und Geknatter, Gesang aus dem Radio, Geschrei, Gelächter.

Aber es war nicht der Lärm, der sie wach hielt. Die Gedanken, die in ihrem Kopf kreisten, ließen sie nicht zur Ruhe kommen. Bilder tauchten auf und versanken wieder: Das Meer in seiner lichtblauen Unendlichkeit, die Sonne über den Türmen von Ferrara, das rote Auto ...

Dann sah sie wieder Sepp Kahlenberg vor sich, wie er mit den Händen in den Taschen neben dem Schalter des Postamtes lehnte und sie beobachtete. Ob er wirklich etwas über die Sache mit dem Päckchen wußte? Aber wie – wie konnte er davon erfahren haben? Das war gänzlich rätselhaft. Er hatte von einem Tobiasbild gesprochen. Ob er wußte, daß dieses Bild in jenem Päckchen steckte, das Corinna als „Briefträger“ nach Italien getragen hatte?

Ihr Gesicht würde in eines der Renaissancebilder passen, hatte er gesagt. Und wie er sie dabei angesehen hatte! Nicht nur beobachtend war dieser Blick gewesen; auch noch etwas anderes hatte darin gestanden, etwas, das Corinna verwirrte und aus dem sie nicht recht klug werden konnte. Vielleicht lag es daran, daß er ein Maler war; Maler schauten ihr Gegenüber immer so genau an, und – ja, eben anders als andere Leute.

Ich möchte seine Bilder sehen, dachte Corinna. Singen kann er –

und erstaunlich gut sogar. Musikalische Menschen sind mir von vornherein sympathisch. Wunderschön war dieser Abend gewesen, die Musik auf der Loggia, der helle Lichtkreis der Lampe, draußen der italienische Abend, die warme Luft, der ferne Straßenlärm – alles war wie neu und anders als gewöhnlich. Sogar die alten Dufaylieder hatten verändert geklungen – noch schöner eigentlich, bedeutungsvoller.

Hatte Corinna je einen solchen Abend erlebt? Eigentlich war ja nicht viel Besonderes geschehen. Wie oft hatte sie schon mit jungen Leuten musiziert – daheim – auf der Hochschule. Aber in Italien war eben alles anders.

Draußen vor dem Fenster wurde es allmählich heller. Wahrscheinlich war der Mond aufgegangen. Ferne Turmuhren schlugen; laut und blechern klang es.

Jetzt bin ich in Ravenna, wirklich und wahrhaftig, dachte Corinna. Ich liege in einem alten Palazzo aus dem vierzehnten Jahrhundert. Und vor ein paar Tagen saß ich noch zu Hause. Vor ein paar Tagen hatte ich keine Ahnung davon, daß ich heute hier liegen würde. Es ist kaum zu glauben.

Manchmal knackte und raschelte es in den Wänden des alten Hauses. Corinna mußte plötzlich an das Bild des Mannes im roten Wams denken, das drüben in dem Zimmer jenseits der kleinen Galerie hing.

Hoffentlich hatte der sonderbare Mensch nicht einst in diesem Hause gelebt und spukte nun darin herum. Wenn sich jetzt die Galerietür auftäte – lautlos – geisterhaft ...? Finny hatte gesagt, sie könne nicht schlafen, wenn sie an ihn und an die Bilder in der Galerie denken müsse. Jetzt aber schlief sie wie ein Sack. Sie schnarchte sogar ein klein bißchen, wie sie es vorausgesagt hatte.

Manchmal war es, als nicke auch Corinna ein wenig ein. Die Bilder vor ihren inneren Augen schienen greifbarer zu werden, die Farben brennender, ihre Gedanken verwirrten sich. Aber dann schreckte sie wieder auf, weil es in der Wand geknackt hatte oder ein Auto auf der Straße lauter hupte als die anderen.

Sonderbar, jetzt war es, als knarre irgendwo eine Tür und falle dann leise ins Schloß. Unwillkürlich hob Corinna ein wenig den Kopf.

Alles blieb still – nein, doch nicht! Von der Galerie her kam ein ganz leichtes Geräusch. Corinna fühlte, wie ihr Gesicht eiskalt wurde. Sollte Finerl recht behalten? Aber nein, das wäre ...

Mein Gott! Träumte sie, hatte die Angst sie verwirrt? Öffnete sich da nicht die Galerietür ganz langsam – Zoll für Zoll?

Wie gelähmt starrte Corinna in die unsichere Dämmerung des Zimmers. Sie konnte nichts deutlich unterscheiden und auch nichts hören, denn das Blut rauschte überlaut in ihren Ohren.

Nein, sie täuschte sich nicht. Die Tür bewegte sich, öffnete sich immer weiter. Jetzt glitt ein Schatten ins Zimmer herein – er schob sich langsam vor die Helle des Fensters – der Umriß eines Mannes!

Corinna wollte schreien, aber sie brachte keinen Ton aus der Kehle. Sie starrte nur wie gebannt auf den unheimlichen Schatten am Fenster, der ebenfalls regungslos stand.

Finnys Atemzüge gingen ungestört weiter. Nun bewegte sich der Schatten wieder. Der Mann schien ein paar vorsichtige Schritte zu tun, nicht auf die Betten zu, sondern nach jener Seite hin, wo der Lehnstuhl stand. Streckte er nicht den Arm aus?

In diesem Augenblick gelang es Corinna, einen Laut hervorzubringen. Es klang wie ein heiseres Stöhnen – aber die Wirkung war bedeutend. Wie der Blitz fuhr der Schatten herum und glitt lautlos auf die Galerietür zu.

„Was – was ist denn?" preßte Corinna hervor und setzte sich auf. Aber da hatte sich die Tür schon hinter dem Schatten geschlossen. Irgendwoher war wieder das Knacken zu hören und dann fern, aber deutlich das Drehen eines Schlüssels im Schloß.

Corinnas Zähne schlugen aufeinander. Ihr Herz klopfte wie wild. „Finerl!" stöhnte sie, „Finerl, wach doch auf!" Einen wahren Murmeltierschlaf hatte dieses Mädchen! „Finerl! Finerl!" rief Corinna an ihrem Ohr.

„Was denn? Was willst?" kam es endlich verschlafen zurück.

„Finerl, da war jemand im Zimmer", flüsterte Corinna mit klappernden Zähnen.

Aber Finny nahm ihre Mitteilung ziemlich ungnädig auf. „A geh! Du träumst ja! Laß mich in Frieden! Ich will jetzt schlafen, hörst!" Und Finerl drehte Corinna energisch den Rücken zu und wickelte sich fester in ihre Decke. Im nächsten Augenblick schlief sie schon wieder.

Corinna saß aufrecht im Bett. Aufzustehen wagte sie nicht. Allmählich ließ ihr Herzklopfen nach. Wer immer der Schatten gewesen sein mochte, weg war er jedenfalls. Sie konnte wieder ruhiger atmen und ihre Gedanken sammeln.

Was mochte der Unbekannte hier gesucht haben? Hatte wirklich der Geist des gemalten Mannes das Zimmer besucht? Kaum glaublich. Ein Einbrecher? Corinna blickte zum Lehnstuhl hinüber. Dort lagen die Sachen. Obenauf stand Konstantin. Der Schatten hatte die Hand ausgestreckt – warum? Vielleicht, um nach Konstantin zu greifen? Als er am Fenster vorüberglitt, war das matte Licht von draußen auf sein Haar gefallen. Das Haar hatte hell aufgeleuchtet!

Corinna seufzte abgrundtief. Nein, es war natürlich Unsinn, Sepp Kahlenberg zu verdächtigen. Was hätte er hier suchen sollen? Der Gedanke, daß er sich an Corinnas Gepäck vergreifen wollte, war ganz und gar unsinnig. Aber – wenn er am Ende nach dem Päckchen gesucht hatte!

Unsinn. Er konnte ja nichts davon wissen. Das war alles nur

dumme Phantasterei. Wahrscheinlich war er's auch gar nicht gewesen. Aber hoffentlich hatte der Unbekannte den Beutel nicht mitgenommen! Corinna hatte ja in der Dämmerung nichts erkennen können, nichts als einen huschenden Schatten, der sichtlich größte Eile gehabt hatte zu entfliehen, als sie sich bewegte.

Nun stand sie doch auf und tappte zum Lehnstuhl hinüber. Alle ihre Sachen waren da, auch Konstantin. Sie schlich zur Galerietür und öffnete sie einen Spalt weit. Im Gang rührte sich nichts. Ihre Finger suchten am Türschloß herum und fanden einen Riegel, den sie vorschob. So, nun würde man vor derlei Geisterbesuchen ja wohl Ruhe haben.

Corinna stand mitten im Zimmer. Sollte sie wieder zu Bett gehen? Zu schlafen versuchen, als sei nichts geschehen? Sie spürte, daß ihr Herz immer noch unruhig schlug. Die Frage, wer der Unbekannte gewesen sein mochte, würde sie den ganzen Rest der Nacht peinigen.

Wenn sie nur mit irgendeinem Menschen darüber sprechen könnte! Daß diese Finny auch ein solches Murmeltier sein mußte!

Mark! Mit Mark konnte man alles besprechen. Er war so vernünftig, er verstand sie wie niemand sonst.

Corinna tappte zur Flurtür und öffnete sie. Im ganzen Haus herrschte tiefe Stille. Drüben lag Marks Zimmer. Sie würde leise hineingehen und Mark wecken. Mark hatte diesem Sepp Kahlenberg nie getraut, das war deutlich zu sehen gewesen. Deshalb hatte er Corinna immer wieder so beschwörend angeblickt oder sie in die Seite gepufft. Mark war ein gescheiter Kerl, sicher – aber ...

Nein, Corinna wollte doch nicht mit Mark sprechen! Ganz plötzlich änderte sie ihren Entschluß und schob die Tür wieder zu. Sie gab sich keine Rechenschaft, warum sie das tat. Sie wollte einfach nicht, und damit fertig. Sie würde Mark überhaupt nichts von dem Schatten in ihrem Zimmer sagen. Auch keinem Menschen sonst, aber am wenigsten Mark.

Sie verriegelte die Flurtür sorgfältig, dann kroch sie wieder ins Bett. Nun fühlte sie sich auf einmal müde und mußte gähnen. Und tatsächlich atmete sie schon nach kurzer Zeit ebenso ruhig wie Finny und schlief wie diese tief und fest bis in den hellen Morgen hinein.

Rätsel über Rätsel

„Ist das alles nicht rein wie verhext?“ fragte Corinna. Sie und Finny wanderten langsam durch die schmalen, menschenerfüllten Gassen der Stadt Rimini. „Was machen wir nun, wenn wir sie überhaupt nicht finden?“

Finny steckte den Arm unter den ihren. „Mach dir keine Sorgen, Corinna.“

„Ich mach mir aber welche. Wo sollen wir sie denn noch suchen?“

„Sie“, das waren natürlich Altweilers und Sabina, die man leider auch in Rimini nicht hatte aufspüren können. Da es hier keinen Campingplatz gab, war der rote Wagen noch bis zu dem wenige Kilometer entfernten San Giuliano Mare gefahren. Dort hatten Corinna, Finny und Mark – Sepp Kahlenberg war in Rimini geblieben, um seinen Freund zu treffen – wohl eine Stunde lang den Campingplatz abgesucht, ohne eine Spur von dem blaugrauen VW oder von Altweilers Zelten zu entdecken. Entmutigt waren sie zuletzt wieder nach Rimini zurückgekehrt und hatten sich dort eine Unterkunft für die Nacht gesucht.

„Ich würd' mir an deiner Stelle keine grauen Haare wachsen lassen, Corinna. Unser Hotel ist ja wirklich nicht teuer, und meine Reisekasse vorerst noch ganz nett g'füllt.“

„Finerl, du bist einfach rührend. Lädst dir da einen Haufen wildfremder Leute auf und ...“

„Nix wildfremd“, unterbrach Finny bestimmt. „Ich denk, wir kennen uns jetzt schon ganz gut, nicht wahr? Und schließlich sind wir ja Landsleut'.“

„Trotzdem. So toll wird deine Reisekasse auch nicht gefüllt sein, daß du uns zwei Vielfraße auf die Dauer erhalten könntest. Wir waren eben schrecklich leichtsinnig, Mark und ich. Jetzt haben wir's. Mark ist auch schon ganz aufgelöst vor Sorge. Ich merk's ihm an, er spricht ja überhaupt kein Wort mehr.“ Corinna blickte sich seufzend nach Mark um, der hinter ihnen dreinschlenderte.

„Ach was." Finny lächelte sie an. „Jetzt bleibt ihr einmal schön bei mir und laßt's euch von der Tante Josephine Hufnagel unter die Fittiche nehmen. Alsdann sehen wir weiter."

„Wenn ich nur etwas verdienen könnte! Aber ich bin ja so dumm. Ich kann eigentlich nichts als Flöteblasen. Und ich fürchte, wenn ich mich hier auf den Marktplatz von Rimini stelle und zu pfeifen anfange – kein Mensch wird mir auch nur eine Lira dafür geben, und überdies kriegt Mark Zustände." Auf einmal blieb Corinna mitten im Menschengewühl stehen. „Du, Finny, ich habe eine Idee", murmelte sie.

„A geh!" Finny zog sie ungerührt weiter. „Sogar nach so einem heißen Tag hast du noch Ideen?"

„Paß auf: Du bist doch Gymnastiklehrerin. Wir machen Kurse auf – am Strand! Rhythmik, Tanz, Schlankheitsgymnastik. Du bringst dicke Damen in Schwung, und ich flöte dazu."

„Geht hier nicht. Zu heiß, meine Liebe." Finny schüttelte entschieden den Kopf.

„Frühmorgens, wenn es noch kühl ist, da geht's! Und abends! Wenn wir uns einen Scheinwerfer beschaffen können, veranstalten wir tänzerische Darbietungen, ich tanze mit der Flöte."

Aber Finny lachte nur. „Deinen Unternehmungsgeist möcht ich haben. Aber ohne Lizenz und Erlaubnisschein und dergleichen kann man so etwas gar nicht machen. Da kommt uns die Polizei auf den Hals."

„Oh, tut nichts. In Italien sind die Polizisten freundliche weiße Engel."

„Meinst? Aber weißt, ich muß dir sagen: Ich hab auch gar keine Lust, in den Ferien zu arbeiten. Da will ich faul sein und sonst gar nichts."

„Ach so. Ja, dann ..." Corinna senkte enttäuscht den Kopf und seufzte.

„Schau! Was dort wohl ist?" unterbrach Finny. Sie wies auf ein großes, düsteres Bauwerk, das jenseits eines kahlen Platzes vor ihnen aufwuchs.

Corinna sah schnell auf. Im Nu war ihre Bedrücktheit verflogen. „Oh, das muß die ‚Rocca' sein! Sicher. Die Burg des Sigismondo Malatesta!"

Die Sonne war eben im Untergehen. Rot stand der Himmel über den Dächern der Stadt. Und in diese tiefe Röte hinein ragten die dunklen Mauern und eckigen, gedrungenen Türme, urweltlich finster und mächtig; wie ein zum Sprung geducktes Tier lag die alte Burg vor ihnen. Hoch oben in einem der Türme ging eben ein gelbes Licht auf und sah wie ein einziges, blinzelndes Auge auf sie herab.

„Die ‚Rocca'! Hier hat Dufay gelebt. Wunderbar, Finny! Da gehen wir hinein."

„Jetzt? Ich hab für heute schon genug Sehenswürdigkeiten betrachtet. All die Kirchen in Ravenna, die gehen mir immer noch im Kopf herum – manchmal seh ich plötzlich ein Stück farbiges Mosaik vor mir – irgend so einen Propheten mit seinen großen Augen."

„Geht mir ja genauso. Aber in die Malatestaburg müssen wir trotzdem noch! Gut, daß ich die Flöte bei mir habe. Da können wir im Burghof das Dufaysche Chanson musizieren. Ich flöte, und du singst!"

„Jegerl! Wozu denn?"

„Damit die alten Mauern sich mal wieder an ihre Jugend erinnern können, darum! Was denkst du, wie die sich freuen werden, wenn sie die Klänge aus ihrer besten Zeit zu hören kriegen?"

Finny sah zu Corinna auf, die groß und schlank vor ihr stand und sie aus ihren dunklen, lebensprühenden Augen anlachte. „Du bist ein Original, das muß man dir lassen", sagte sie fast bewundernd.

„Mach dir nichts draus. Wir haben in unserer Familie einen Spruch: Wer spinnt, hat mehr vom Leben. Und das ist wahr. Glaubst du's? Und jetzt werde ich mal gucken, ob man in die Burg hineinkann. Wenn ja, winke ich euch."

Leichtfüßig rannte Corinna quer über den leeren Platz auf das Eingangstor des Gebäudes zu.

Aber schon nach kurzer Zeit kam sie mit hängendem Kopf zurück. „Stellt euch vor, das ist ein Gefängnis. Der Kerkermeister, oder was er war, hat mich dumm angeguckt, als ich da so einfach hineinspazieren wollte. Er konnte übrigens deutsch. Mit dem Flöten ist es also nichts, und mit Dufay auch nicht. Der hat gar nicht dort gewohnt, denn die Rocca ist erst gebaut worden, als er schon nicht mehr in Rimini war, sagt der Wärter ..."

Finny und Mark lachten.

Corinna aber war sehr ungehalten. „Das ist doch wirklich eine Schande, daß sie aus der Burg des Sigismondo nichts Gescheiteres machen konnten als ein Gefängnis. Ich hatte mir das Flöten im Burghof so schön vorgestellt."

„Arme Corinna!" Finny nahm wieder ihren Arm. „Eine Enttäuschung nach der anderen an diesem Tag. Aber jetzt gehen wir zur Piazza Cavour hinüber. Dort gleich um die Ecke. Vielleicht ist der Sepp schon da. Wann wollten wir uns treffen? Um sieben? Na also. Der wird dich bestimmt wieder aufmuntern."

Aber leider wartete auf dem schönen Stadtplatz von Rimini, den sie gleich darauf betraten, eine neue Enttäuschung auf Corinna. Sepp Kahlenberg war zwar schon eingetroffen, er stand auf den Stufen eines mittelalterlichen Palazzo, aber Corinna fiel sofort der mißmutige und seltsam verschlossene Ausdruck auf, den sein sonst so offenes Gesicht zeigte. Auch sah er ein wenig blaß aus. Vielleicht kommt das von der Hitze, dachte Corinna.

Während Mark das letzte Licht des Tages benützte, um eine Aufnahme zu machen, betrachteten die Mädchen die schöngeschwungenen Arkaden und edlen Säulenreihen des Bauwerks, vor dem sie standen.

„Der Palazzo dient der Stadt jetzt als Gerichtsgebäude", gab Sepp Kahlenberg auf ihre Frage kurz Auskunft. Er sah unbeweglich vor sich hin und rührte sich auch nicht von der Stelle, als Corinna an ihm vorüber die Stufen der Freitreppe hinauflief, um einen Blick durch die Spitzbogenpforte in das Innere des Gebäudes zu werfen.

Drinnen schien es ganz finster zu sein. So kehrte Corinna rasch in das rotgoldene Abendlicht zurück. „Ach, nichts als Gericht und Gefängnisse überall", seufzte sie und ließ sich müde auf einer der obersten Treppenstufen nieder.

Von dort aus sah sie fragend zu Sepp Kahlenberg hinab. Er stand neben Finny am Fuß der Treppe und lehnte sich leicht gegen das Geländer. So blickte er zu Corinna auf, forschend jetzt wieder, aufmerksam und ernst, aber mit einem merkwürdig kalten, ja unfreundlichen Ausdruck in den Augen, der sie erschreckte. Was hatte er nur? Er war ja geradezu verändert – von der liebenswürdigen Kameradschaftlichkeit von gestern abend war wenig übriggeblieben. Das Nachtgespenst fiel ihr wieder ein, und ihr wurde beinahe unheimlich zumute. Was ist denn? – wollte sie fragen, aber vor seinem Blick blieb ihr das Wort im Mund stecken.

Mark war ein paar Schritte zurückgetreten und zückte die Kamera, offenbar wollte er die kleine Gruppe auf der Treppe im Bild festhalten.

„Ist's nicht schon zu dämmrig für einen Schnappschuß?" fragte Finny.

Doch Mark schüttelte stolz den Kopf. „Spielt bei meiner Kamera kaum eine Rolle."

In diesem Augenblick trat hinter Corinna jemand aus der Pforte. Da sie mit dem Rücken zu ihr saß, hörte sie nur die Schritte und rückte unwillkürlich ein wenig zur Seite. Gleichzeitig aber bemerkte sie mit Staunen, wie Sepps Gesichtsausdruck sich veränderte und seine Hand, vorschnellend, eine rasche Bewegung machte, die nur ein Zeichen der Abwehr bedeuten konnte.

Dann sah sie auch das maßlose Erstaunen in Finnys Gesicht. Was sollte das nur? Corinna blickte sich rasch um.

Hinter ihr stand ein Mann. Er war sehr groß, dabei schmal gebaut, und trug zu schwarzen Cordhosen ein dunkelrotes Hemd, dessen Kragen in einer ungewöhnlichen Weise hochgestellt war. Aus diesem Kragen wuchs ein langes Gesicht empor, ein Gesicht, das Corinna merkwürdig bekannt vorkam. Lieber Himmel, wo hatte sie es denn schon einmal gesehen – vor ganz kurzer Zeit mußte das gewesen sein – gestern erst?

Da durchfuhr es sie: Natürlich, jetzt wußte sie es! Der Mann, der da vor der Spitzbogenpforte stand und auf sie herabsah, war kein anderer als jener Renaissancemensch, dessen Bild im Palazzo der Signora Torrini in Ravenna an der Wand hing. Es konnte gar keinen Zweifel geben; die Ähnlichkeit war überwältigend. Es war dasselbe Gesicht, die lange Nase, die dünnen Lippen, das dunkle, in die Stirn fallende Haar, derselbe fast unheimliche Blick, ja sogar dasselbe dunkelrote Wams mit dem gleichen Kragen.

Corinna fühlte, daß sie bis ins Herz hinein erschrocken war. Regungslos starrte sie zu dem Unheimlichen auf, während wirre Gedankenverbindungen durch ihren Kopf schossen: Finnys Grauen vor dem alten Bild, Sigismondo Malatesta, der seinen Sarg im

Tempio Malatestiano verließ und im roten Abendlicht durch die Straßen Riminis wandelte, unversehens aus alten Spitzbogenpforten trat und hinter einem stand. „Corinna würde Angst kriegen, wenn sie ihm leibhaftig begegnete", hatte Sepp Kahlenberg gesagt. Sie hatte ihn ausgelacht ...

Da klackte der Auslöser von Marks Kamera. Und im selben Augenblick kam wieder Leben in die erstarrte Gruppe. Corinna fuhr herum und sah, daß auch Sepp sich rasch nach Mark umgeblickt hatte. Auf dem Gesicht des jungen Mannes stand ein Ausdruck von Zorn, wie sie ihn bisher noch nie darauf gesehen hatte. Sekundenlang war es, als wolle er sich auf Mark stürzen.

Auch der umheimliche Fremde hinter Corinna bewegte sich nun. Er stieg langsam an ihr vorüber die Stufen hinunter. Corinna bemerkte, daß seine Cordhosen alt und abgewetzt waren und bunte Flecke aufwiesen, daß er eine Mappe unter dem Arm trug, aus der Papiere hervorguckten. Nein, es war kein Geist.

Aber wie war es nur möglich, daß ein heutiger Mensch haargenau so aussehen konnte wie ein längst verstorbener Fürst oder Staatsmann auf einem alten Bild? Warum warf er ihr im Vorübergehen einen so mißtrauischen, forschenden Blick zu? Und was hatte Sepps sonderbares Betragen zu bedeuten?

Als der Fremde jetzt an Sepp vorüberkam, zögerte er sichtlich und schien irgend etwas sagen zu wollen. Aber Sepp schüttelte kaum merklich den Kopf. Da ging der andere weiter, ohne sich noch einmal umzusehen. Die vier blickten dem davongehenden Fremden nach.

„Hast das gesehen, Corinna?" Finnys helle Stimme brach den Bann. „Dein Renaissancemensch, wie er leibt und lebt! Jetzt sag bloß einer, wie so was möglich ist!"

Sepp wandte schnell den Kopf zu ihr. „Wieso?" fragte er scharf.

Finny sah ihn erregt an. „Ja, Sie müssen ihn doch auch kennen, den Menschen, mein ich, der da grad an uns vorbeigegangen ist. Sie sind doch bei der Signora Torrini so gut wie zu Haus, Sepp. Da hängt ja so ein altes Bild in einem düsteren Zimmer – ein Männerkopf – die Corinna hat ihn den ‚Renaissancemenschen' getauft. Sie hat gemeint, er schaut typisch nach jenem Zeitalter aus – und jetzt läuft hier einer herum, der dem Bild aufs Haar ähnlich sieht!"

„Ach so." Sepp Kahlenberg schien aufzuatmen. „Ja, das Bild kenn ich. Eine gewisse Ähnlichkeit, hm, mag sein."

Er machte einen sonderbar zerstreuten Eindruck. Sein Gesicht war immer noch gerötet wie von Zorn oder Verlegenheit, und seine Augen wanderten unruhig zwischen Corinna und Mark hin und her, während er Finny die Worte hinwarf wie einem Hund einen Knochen.

Sein übertrieben gleichgültiger Ton erregte Finny noch mehr. „Unsinn. Nicht bloß eine gewisse Ähnlichkeit! Sogar das gleiche rote Hemd hat der hier angehabt! Ich hab ihn deswegen für eine Art Henker gehalten – den auf dem Bild mein ich. Und Corinna hat gesagt, es ist der Sigismondo Malatesta."

„Ich habe tatsächlich einen Augenblick lang gedacht, der sei aus seinem Grab gestiegen", murmelte Corinna und fuhr sich mit der Hand über die Stirn.

„Ah bah. Keine Spur von Ähnlichkeit mit dem Malatesta! Sehen Sie sich sein Bild im Tempio an!" Sepp Kahlenberg warf die Worte hin, ohne Corinna anzusehen. Er schien Mark zu beobachten, der an seiner Kamera herumhantierte. Plötzlich trat er dicht vor ihn hin. „Die Aufnahme ist bestimmt nichts geworden. Es war schon zu dunkel."

Erstaunt über den schroffen Ton sah Mark auf. „Die ist bestimmt etwas geworden. Sie können mir ruhig glauben, daß ich richtig belichtet habe. Und der umstrittene Renaissancemensch ist mit drauf. Ich habe ihn gut im Sucher gehabt."

„Laß mal sehen – bitte!" Sepp nahm ihm einfach die Kamera aus der Hand. Während er prüfend in den Sucher blickte und die Verschlüsse betastete, entfernte er sich ein paar Schritte von Mark. Wie spielend richtete er die Kamera erst gegen den Himmel, dann kehrte er sie nach abwärts gegen den Boden. Sein Finger suchte den Drücker ...

„Halt!" schrien Mark und Corinna gleichzeitig auf. Aber da hatte die Kamera bereits ihr „Klack" gesagt, laut und vernehmlich.

Mark stürzte auf den jungen Mann zu. „Sie haben ja abgedrückt. Ich hatte doch noch nicht weitergedreht. Jetzt ist das Bild verdorben."

„Ach so. Verzeihung." Sepp Kahlenberg sagte es kalt und

gleichgültig und reichte Mark die Kamera zurück, als sei gar nichts geschehen. Dann wandte er sich um und schritt auf den Platz hinunter.

„So was! Das ist doch aber ...", murmelte Mark mit rotem Kopf vor sich hin, während er die geliebte Kamera so hastig in ihre Tasche steckte, als wolle er sie vor weiterer Mißhandlung schützen. „Sie, hören Sie mal", rief er dann Sepp nach, dessen ruhiges Davongehen ihn erbitterte, „warum haben Sie denn das gemacht? Das hatte doch keinen Sinn."

„Vielleicht doch. Aber reg dich nicht auf. Das Bild wäre sowieso nichts geworden", kam es kühl zurück.

„Das können Sie doch gar nicht wissen."

„Ich bitte die Herrschaften, jetzt zu kommen." Es klang ungeduldig und bestimmt.

„Mir scheint, wir spinnen momentan alle ein bisserl", bemerkte Finny halblaut und schob ihren Arm unter den Corinnas.

„Scheint so", sagte Corinna matt. „Ich begreife überhaupt nichts mehr."

*

Corinna saß am Strand unter einem blau-weiß gestreiften Sonnensegel.

Nachdenklich ließ sie ihre Blicke über die Gruppen braunverbrannter Leute hinweggleiten, die ringsum unter den Schirmen und Sonnensegeln saßen, sich ballspielend oder schwatzend herumtrieben oder in die glasklaren Wellen hinausliefen.

Dort irgendwo trieb sich auch Finny herum, übte Kopfstand und schlug gewandt ein Rad nach dem anderen oder platschte ins blaue Wasser hinaus. Aber Corinna hatte im Augenblick keine Lust, ihr zu folgen. Sie griff nach dem Flötenkasten, der neben ihr lag, und öffnete ihn. Vorsichtig wickelte sie die geliebte Amaryllis aus ihren Hüllen, setzte die Teile zusammen und strich zärtlich über das glänzende Holz. Dann hob sie die Flöte an die Lippen und begann, immer noch tief in Gedanken versunken, ein paar Töne zu blasen. Als diese sich zu einer Melodie aneinanderreihten, merkte sie, daß es das Dufaysche Chanson war, das sie zu spielen angefangen hatte. Da setzte sie die Flöte rasch wieder ab. ,,Unsinn", sagte sie laut vor sich hin.

Doch sie konnte nicht verhindern, daß die Gedanken in ihr weiterwühlten und sie quälten. Trotz all der prachtvollen Sonne und Schönheit rings um sie her fühlte sie sich bedrückt. Zwei Dinge waren es, die sie immer aufs neue beunruhigten.

Da war vor allem die Sache mit Sepp Kahlenberg. Seit drei Tagen hatte sie nun nichts mehr von ihm gesehen oder gehört. Die Erinnerung an jenen ersten Abend hier in Rimini lag wie ein Alpdruck auf ihr – alles war so rätselhaft gewesen: Zuerst die Begegnung mit dem geisterhaften ,,Renaissancemenschen", dann Sepp Kahlenbergs unerklärliches Verhalten.

Corinna sah wieder den großen halbdunklen Innenraum des Tempio Malatestiano vor sich, den sie an jenem Abend noch im Vorübergehen aufgesucht hatten. Auf dem Altar in der Apsis hatten Kerzen gebrannt, sonst war es fast dunkel gewesen. Gespensterhaft waren die Pfeiler, Sarkophage und Bildwerke aus der Dämmerung hervorgetreten, wenn Mark sie mit seiner Taschenlampe anstrahlte, all die bezaubernden Halbreliefs mit den spielenden Kindern und griechischen Göttern, die wappenhaltenden Putten und Heiligengestalten, und immer wieder das gemalte oder in Stein gehauene Gesicht Sigismondo Malatestas, das tatsächlich gar keine Ähnlichkeit mit dem des rätselhaften ,,Renaissancemenschen" aufwies, und die verschlungenen Initialen S und I – Sigismondo und Isotta – die überall an den Wänden und Pfeilern prangten.

Ja, all das wäre schön und eindrucksvoll gewesen, wären sie nicht alle vier wie verstörte Schatten in dem merkwürdigen Bau umhergegangen. Es war beinahe zum Fürchten gewesen, ein wirrer, beängstigender Traum, den Corinna nicht mehr aus ihren Gedanken bannen konnte.

Und dann der Abschluß: Finnys energische Frage beim Heraustreten aus dem Tempel: ‚Jetzt seien Sie bloß mal so gut, Brüderl, und sagen Sie uns, was Ihnen eigentlich über die Leber gelaufen ist! Das möchten wir doch gern wissen.' Und Sepps rätselhafte Antwort: ‚Wär' vielleicht besser, Sie würden die zwei da fragen', die er Finny mit einer Handbewegung zu Corinna und Mark hin zugeschleudert hatte. Dann war er gegangen. Er hatte den Mädchen eine kurze, steife Verbeugung gemacht und war einfach in die Dämmerung davongeschritten.

‚Lassen Sie ihn doch laufen!' hatte Mark gesagt, als Finny ihm nachrufen wollte.

Ja, und seither war nichts mehr von ihm zu sehen gewesen. Vielleicht war er nach Ravenna zurückgefahren. Zwar behauptete Mark, ihn einmal auf der Straße bemerkt zu haben; er sei aber sofort in irgendeinen Hauseingang verschwunden, als sie sich näherten.

Auch das rote Hemd des „Renaissancemenschen" glaubten sie an einem Abend in einer der engen malerischen Gassen der Innenstadt vor sich zu sehen, aber auch dieses verschwand im Menschengedränge, ehe sie feststellen konnten, ob sie sich getäuscht hatten oder nicht.

Das zweite aber, womit Corinna nicht fertig werden konnte, war die Tatsache, daß Altweilers trotz allen Suchens nirgends zu finden waren. Sie hatten mit dem roten Auto noch zwei weitere Zeltplätze in der Umgebung aufgesucht, aber auch dort war nichts von den Vermißten zu entdecken gewesen. Vermutlich hatten sie ihren Plan geändert und waren gar nicht nach Rimini gefahren.

Dumme Geschichte! Nun lagen Corinna und Mark schon seit drei Tagen der guten Finny auf der Tasche. Auf keinen Fall konnte das noch länger so weitergehen. Finny war zwar rührend, aber – was würden die Eltern sagen, wenn sie wüßten, daß ihre Kinder einem Mädchen, das sie vor ein paar Tagen überhaupt noch nicht gekannt hatten, das mühsam zusammengesparte Reisegeld verbrauchen halfen? Und dabei haben wir auch noch dauernd Hunger! – dachte Corinna kläglich.

Da bemerkte sie, daß die Flöte neben ihr im Sand lag. Die arme Amaryllis! Besorgt nahm sie sie auf. Hoffentlich waren keine Sandkörnchen in ihr empfindliches Innere gedrungen. Corinna blies ein paarmal kräftig durch, dann begann sie aufs neue zu flöten, eine im Augenblick erfundene Melodie diesmal – ein bißchen nach Jazz klang sie, abgerissen und hüpfend, mit vielen Synkopen und Stakkatotönen, frech und melancholisch zugleich. Corinna versuchte sich ihre Bedrückung vom Herzen zu spielen. Dabei geriet sie mehr und mehr in Feuer, blies mit Hingabe und achtete nicht auf das, was um sie her vorging.

Bis die Melodie mit einem Mißlaut abbrach, weil sich plötzlich zwei Hände vor Corinnas Augen gelegt hatten.

„Rat mal, wer da ist?" hörte sie eine verstellte Brummstimme hinter sich murmeln.

Für eine Sekunde war es, als setze ihr Herz aus. Sepp? Aber nein, der würde ihr natürlich nicht die Augen zuhalten. Die Stimme hatte auch eher weiblich geklungen.

„Ach, laß doch den Unsinn, Finny!" sagte sie ärgerlich.

„Nix Finny, hä hä hä!" meckerte es hinter ihrem Rücken.

„Mark!" rief Corinna ungeduldig und versuchte die fremden Hände von ihren Augen wegzuzerren. Aber es gelang ihr nicht, denn ihre Arme wurden von hinten festgehalten. „Laß endlich los, Mark!"

Jetzt lachten mehrere Stimmen im Chor. „Genug, Sabina, genug!" mahnte jemand.

Und dann sah Corinna in drei sonnenverbrannte Gesichter, die sich um sie drängten. „Lieber Himmel, ihr seid das?"

„Ja, wir sind das!" Sabina lächelte ihr spöttisch zu. „Drei leibhaftige Verwandte von dir in Lebensgröße, hättest du nicht erwartet, was?"

Corinna sprang auf und schüttelte sich. „Also doch? Tatsächlich. Na, Gott sei Dank!" Sie sah von einem zum andern und lachte nun auch, verblüfft, aber sehr erleichtert. „Ja, wo kommt ihr bloß her?"

„Vielleicht sollten wir eher fragen, wo du herkommst", sagte Onkel Paul Altweiler kopfschüttelnd. „Wir glaubten unseren Augen nicht trauen zu dürfen – Corinna am Strand von Rimini!"

„Onkel Paul hat dich zuerst für eine Luftspiegelung gehalten", bemerkte Sabina und zupfte an ihrem hübschen Anzug herum.

„Und Mark scheint auch dabei zu sein?" fragte Tante Mila dazwischen.

„Ja – der steckt irgendwo da hinten." Corinna sah ein wenig verlegen an den fragenden Gesichtern vorbei. „Wir wollten euch einen Besuch machen. Wir hatten uns das so nett ausgedacht. Aber das Dumme war, daß wir euch gar nicht finden konnten . . ." Sie wandte die Augen zurück und sah Onkel und Tante strahlend an. „Aber jetzt seid ihr ja da. Das ist wunderbar! Ich freu' mich schrecklich!"

„Wir freuen uns auch, Kind."

„Wir haben nämlich überhaupt kein Geld mehr, wißt ihr. Eine Freundin bezahlt alles, aber das geht ja schließlich nicht auf die Dauer." Corinna atmete tief auf. „Ihr habt doch sicher noch Platz in euren Zelten?"

„Du bist gut!" Sabina kniff ein Auge zu und betrachtete die Schwester von Kopf bis Fuß. „Echt Corinna mal wieder! Kommt einfach an und ..."

Aber Sabina konnte nicht weitersprechen, denn Onkel und Tante fielen ihr ins Wort und nahmen Corinna in Schutz. Onkel Paul klopfte ihr freundlich auf den Arm.

„Nein, nein, Kind", sagte er, „ihr zieht jetzt zu uns in unsere Pension. ‚Bellavista' heißt sie. Wir haben uns dort eingemietet. Die Bruthitze in den Zelten war einfach nicht mehr zu ertragen."

„Ach, deswegen haben wir euch auf keinem Zeltplatz gefunden. Aber wißt ihr was – ich habe eine gute Idee!"

„Oje!" sagte Sabina.

Corinna überhörte es. „Die Pension hat bestimmt einen Garten", fuhr sie fort, „da werden wir eure Zelte aufstellen, und Mark und ich können darin schlafen. Dann habt ihr weniger Unkosten durch uns, nicht wahr? Die erlauben das sicher – die Besitzer der Pension, meine ich."

Onkel Paul und Tante Mila lächelten. „Aber, liebes Kind, ein paar Betten werden sich in der Pension schon noch auftreiben lassen."

„Ich finde es aber viel lustiger, im Zelt zu schlafen als in einem Bett. Und dann kann Finny noch mit unterkommen. Wirklich ausgezeichnet, daß eure Zelte frei sind! Das konnte sich gar nicht besser treffen, Onkel Paul." Ihre Augen strahlten den nur noch schwach widerstrebenden Onkel an. „Sag nichts mehr! Wir ziehen in die Zelte und damit fertig! Und jetzt werde ich mal nach Mark gucken. Mark!"

Sie stürmte davon. In großen Sprüngen jagte sie über den Sand, zwischen den Liegestühlen hindurch zum Wasser hinab, während die anderen langsamer folgten.

„Mark!" Corinnas Stimme war weithin zu hören.

„Sie macht noch den ganzen Strand rebellisch. Alle Leute gukken schon", zischte Sabina.

Mark, der auf der äußersten Spitze eines Badebootes herumturnte, drehte den Kopf. „Ach, du liebes bißchen", sagte er grinsend. Dann kletterte er auf den Strand zurück. „Bleibt mal alle stehen! Ich mach gleich eine Aufnahme. Bitte recht freundlich! Achtung – fertig – los! Ergebensten Dank, meine Herrschaften!"

Nun gab's aufs neue eine vergnügte Begrüßung. Und auch Finny kam noch dazu und wurde vorgestellt. Laut schwatzend standen sie alle beieinander, eifrig fragend, berichtend und lachend.

Bis Sabina plötzlich davonhüpfte, einem Eisverkäufer entgegen, der, einen bunten Riesenhut auf dem Kopf, mit umgehängtem Kasten durch den Sand dahergestapft kam. „Da ist Giorgio! Giorgio! Hierher! Ein Gelato limone, bitte! Ich krieg doch ein Eis, nicht wahr, Onkel?"

„Giorgio ist Sabinchens großer Freund", erklärte Tante Mila, „ein netter Kerl. Wir kaufen immer unser Eis bei ihm. Wie wär's, Corinna und Mark? Habt ihr nicht auch Lust?"

Die beiden konnten das nicht leugnen. So gingen sie denn alle zu den bunten Schirmen hinüber. Sabina hatte sich in einem freien Liegestuhl niedergelassen. Wie eine huldvolle Königin lehnte sie darin und sah auf den jungen, braunverbrannten Burschen herab, der zu ihren Füßen im Sand kniete und seinem Kasten das gewünschte Eis entnahm.

„Giorgio sagt, daß heute abend im Strandpavillon getanzt wird", rief Sabina den Herantretenden entgegen.

„Si, si", bestätigte Giorgio und überreichte auf den Knien liegend Sabina ihr Eis am Stengel, mit einer Geste, als verehre er einer Königin eine kostbare Gabe: „Ecco, signorina!"

„Wir gehen hin, nicht wahr, Onkel Paul?" bettelte Sabina mit ihrer süßesten Stimme.

„Meinetwegen. Damit die liebe Seele endlich Ruh bekommt."

„Wunderbar, Onkel Paul. Du bist doch der Allerbeste!"

„Wir wollen nur ein wenig hineinschauen", erklärte der Onkel. „Sabinchen möchte gern mal Tanzmusik hören, was, Kleines? Sie quält uns schon seit Tagen."

„Ihr könnt ja auch mitkommen, wenn ihr Lust habt", bemerkte Sabina gnädig.

„Welche Ehre! Aber wir schließen uns an. Das ist mal etwas anderes, nicht, Finny?" Corinna gelang es nicht übel, Sabinas herablassenden Tonfall nachzuahmen. „Was uns betrifft, wir haben uns nämlich bisher nur an durchaus seriöse Sehenswürdigkeiten gehalten."

„Falls ihr zu seriös seid – wir kommen auch ohne euch aus", antwortete Sabina und lächelte ihren Onkel an. „Hast du denn überhaupt etwas Ordentliches zum Anziehen mit? Für den Tanz heute abend, meine ich", fragte sie dann, ihre Schwester kritisch musternd.

„Kannst beruhigt sein – im Badeanzug geh ich nicht hin."

„Wäre dir zuzutrauen." Sabina mußte natürlich das letzte Wort behalten.

Da in der Pension ‚Bellavista' – ‚zur schönen Aussicht' – im Augenblick sowieso kein Bett mehr zu haben war, erhielt Corinna nach etlichem Hin- und Herreden die Erlaubnis, die beiden Altweilerschen Zelte auf einem kleinen Sandplatz hinter der zur Pension gehörigen Garage aufzustellen, wofür der gute Onkel Paul eine kleine Mietgebühr entrichtete.

Der öde Platz zwischen der kahlen Rückwand der Garage und der ebenso unfreundlich dreinschauenden Seitenwand eines größeren Hotels zeichnete sich allerdings nicht gerade durch besondere landschaftliche Reize aus. Aber als die Zelte aufgebaut waren, stellte Corinna fest, daß sie beim Hinauskriechen aus dem ihren – an der Garagenmauer vorbei und unter dem Einfahrtstor durch – ein winziges Stückchen blaues Meer erspähen konnte.

„Also, mir gefällt die Aussicht – und wenn ich sie auch nur auf dem Bauch liegend genießen kann", sagte sie befriedigt.

Finny hatte sich überreden lassen, ihr Quartier in der Stadt ebenfalls zu kündigen und zu Corinna ins Zelt zu ziehen. Der rote Wagen stand in der Garage und bildete eine willkommene Abstellmöglichkeit für Habseligkeiten, die man in dem kleinen Zelt nicht brauchen konnte.

Am Spätnachmittag war der Umzug vollendet. Sabina allerdings verspürte durchaus nicht den Wunsch, ihr kleines, aber hübsches Zimmerchen in der Pension, ihr weiches Bett und den Spiegel über dem Waschtisch mit fließendem warmen und kalten Wasser gegen ein primitives Zeltlager zu tauschen. Doch stellte sie großmütig

Finny und Corinna den Waschtisch zur Verfügung und erlaubte den beiden sogar, sich bei ihr umzuziehen.

Schon fertig angezogen, saß sie auf dem Rand ihres Bettes, in einem hübschen Kleidchen aus zartrosa Batist, das tadellos geschnittene hellbraune Haar glatt und glänzend gebürstet. Mit gnädigen Blicken begutachtete sie die beiden, die sich gerade die Kleider über den Kopf zogen.

,,Sie sind in Ordnung'', sagte sie zu Finny im Tonfall einer erfahrenen Mama, die zu ihrem Lieblingstöchterchen spricht. ,,Blau steht Ihnen. Sie sehen wirklich süß aus. Aber'', und nun wurde der Ton wesentlich kritischer, ,,dein Kleid, Corinna, müßte entschieden gebügelt werden. Doch dir ist so etwas ja einerlei ...''

,,Ja'', sagte Corinna, ,,völlig einerlei, das stimmt.'' Sie versuchte ihr wirres Haar zu bändigen. Es war dumm, sich über Sabina zu ärgern, aber leider tat sie es doch immer wieder.

,,Hast du kein besseres Kleid mit? Da werden aber heute abend nicht viele mit dir tanzen wollen.''

,,Meinst du, daß ich darauf Wert lege?'' Warum hat mich der Himmel nur mit einer Schwester geschlagen? – dachte Corinna. ,,Wir gehen ja schließlich nur zum Gucken hin.''

,,Na, ich weiß nicht...''

,,Meinst du im Ernst, daß mit dir jemand tanzen wird? Mit solch einem kleinen Mädchen, das eigentlich ins Bett gehört statt auf ein Tanzvergnügen?''

Der Hieb hatte gesessen. Sabina wurde rot vor Ärger. ,,Ach – ich wirke ja viel erwachsener als du; das haben schon eine Menge Leute gesagt'', trumpfte sie auf. ,,Was meinen Sie, Fräulein Finny?''

Finny besann sich auf eine diplomatische Antwort. ,,Corinna ist immerhin einen Kopf größer als du!''

,,Als Sie auch'', sagte Sabina sofort. ,,Und trotzdem sieht sie gar nicht erwachsen aus. Besonders jetzt nicht, mit dem dummen Pferdeschwanz, der – nebenbei bemerkt – längst nicht mehr modern ist.''

,,Nebenbei bemerkt haue ich dir gleich eine 'runter, wenn du nicht aufhörst, dummes Zeug zu reden!'' Jetzt fuhr Corinna wütend zu ihr herum.

Aber Finny trat schnell dazwischen und schob ihren Arm unter den Corinnas. ,,Immer friedlich, Kinder! Wir müssen draußen im Zelt noch aufräumen, Corinna. Komm!" Und sie zog die Erregte mit sich auf den Hof hinaus.

Dort wollte Corinna eben ihrem Ärger über die entsetzliche Schwester Luft machen, als etwas anderes ihre und Finnys Aufmerksamkeit fesselte. Von jenseits der Mauer, die ihren Zeltplatz gegen den Hotelgarten abgrenzte, drangen Stimmen herüber. Eine laute Männerstimme rief etwas auf italienisch; dann knallte irgendwo eine Tür ins Schloß.

Mark hatte sich an der Mauer hochgezogen, um hinüberzuspähen. Als die Mädchen näher kamen, wandte er den Kopf und winkte ihnen eifrig zu.

Mit ein paar Sprüngen war Corinna neben ihm.

,,Guck mal", flüsterte Mark. ,,Ist das nicht der Renaissancemensch?"

,,Tatsächlich", sagte Corinna. Jenseits der Pinien, die die einzige Zierde des sonst kahlen Platzes hinter der Mauer bildeten, stand ein kleines Haus. Von dort her kam ein Mann gegangen, der ein rotes Hemd mit aufgestelltem Kragen trug. Er steuerte auf den Durchgang zwischen der Mauer und dem Hotel los und kam somit gerade auf die beiden Beobachter zu. Das lange blasse Gesicht war nicht zu verkennen, es zeigte einen verbissenen, zornigen Ausdruck. Von dem kleinen Haus her schienen Frauenstimmen hinter dem Weggehenden herzukeifen, aber er sah sich nicht um, sondern blickte starr vor sich hin.

,,Ob der dort wohnt?" flüsterte Corinna.

,,Pst!" machte Mark, denn der Mann im roten Hemd ging jetzt dicht an der Mauer entlang.

Doch gerade dieser Laut schien ihn aufmerksam zu machen. Er blickte rasch auf und sah Corinna voll ins Gesicht. Zwar fuhr sie wie der Blitz an der Mauer hinab, aber sie hatte doch noch den Blick wilden, zügellosen Zorns wahrgenommen, den er zu ihr hinaufgeschickt hatte. Als wolle er mich auf der Stelle ermorden! – dachte Corinna.

Auch Mark war hinter der Mauer in Deckung gegangen. Corinna zog Finny zurück. ,,Laß! Er geht weiter, Gott sei Dank!" zischte sie.

,,Wer? Der Renaissancemensch?"

„Ja, er war es. Einwandfrei! Aber – wie der mich angeguckt hat! Richtig zum Angstkriegen.“ Ein leichter Schauder schüttelte Corinna. Diese dunklen, harten Augen so finster, ja haßerfüllt auf sich gerichtet zu sehen – sie fühlte deutlich, wie ihr die Glieder zitterten.

„Der muß eine Stinkwut im Leibe gehabt haben“, bestätigte Mark. „Es sah übrigens so aus, als ob er uns erkannt hätte!“

„Wir haben ihn nur einmal gesehen und er uns auch. Daran dürfte er sich kaum mehr erinnern.“

Da unterbrach Tante Milas Stimme vom Haus her das Gespräch. „Seid ihr fertig? Wir wollen gehen.“

Nun wurden die Zelte noch eilig zugeknöpft und die Habseligkeiten, die man nicht so ohne weiteres darin liegen lassen wollte, in der Garage eingeschlossen. Dann wanderte die ganze Gesellschaft die lange Strandstraße hinab. Sabina ging mit Onkel und Tante

voraus; sittsam wandelte sie zwischen den Erwachsenen. Corinna und Finny folgten. Mark schlenderte nach seiner Gewohnheit als letzter hinterdrein.

„Herzig aussehen tut sie ja, deine Schwester", bemerkte Finny halblaut zu Corinna. „Schau nur diese Taille an – mit den Händen könnte man sie umspannen."

„Das weiß sie aber auch nur zu gut."

„Allerdings. Ein durchtriebenes Persönchen! Nicht immer angenehm für dich, wie?"

„Manchmal könnte ich sie in Stücke reißen", gestand Corinna seufzend.

„Das wäre vielleicht doch nicht ganz das Richtige. Übrigens", Finny unterbrach sich, „dort, ganz am Ende der Straße, da wandelt doch etwas Rotes. Sollte das der Renaissancemensch sein? Jetzt biegt er um das Rondell."

„Stimmt", Corinna nickte bedrückt. „Hoffentlich gehen die drei vor uns nicht zu schnell. Ich habe wirklich keine Lust, ihn zu überholen. Stell dir vor, ich fühle immer noch ein Zittern in mir – so bin ich erschrocken, als er mich anguckte."

Finny lachte. „Kaum zu glauben. Die mutige Corinna, die mich vor Gespenstern beschützen wollte! Schade, daß ich diesen furchtbaren Blick nicht gesehen hab."

„Da vorn – das ist der Strandpavillon. Seht ihr ihn?" Sabina wandte den Kopf zurück und zeigte dabei auf ein Gebäude, das, von Fahnen überweht, vor der Bläue des Meeres auftauchte, in die es mit einer geschwungenen Terrasse weit hinausgriff.

Jetzt verhielt der Träger des roten Hemdes vor ihnen seine Schritte. Er blickte sich um, dann bog er nach rechts ab.

„Der geht auch in den Strandpavillon – wenn mich nicht alles täuscht."

„Auch das noch!" sagte Corinna.

Die Musik spielte schon. Man hörte die quäkenden Töne eines Saxophons herüberdringen.

Sabina hüpfte von einem Fuß auf den andern. „Ach, Onkel Paul, ich freu' mich so!"

„Ja, wenn unser Sabinchen Tanzmusik hört!"

Es hielt ziemlich schwer, auf der Terrasse Platz zu finden, denn fast alle Tische waren entweder schon besetzt oder vorbestellt. Endlich gelang es Onkel Paul mit Hilfe eines freundlichen Kellners und eines Trinkgeldes doch, für seine kleine Gesellschaft einen Tisch ganz am Ende der Terrasse zu erobern.

Finny wies auf einen anderen leeren Tisch, der nicht weit von ihnen, durch eine Efeuwand fast verdeckt, ebenfalls noch auf Gäste zu warten schien: „Da drüben wären wir ganz für uns."

„Der Kellner sagt, der Tisch sei bestellt; es scheint so etwas wie ein Stammtisch zu sein", erklärte Onkel Paul.

„Da säßen wir ja noch mehr abseits." Sabina schmollte ein wenig. „Schon hier sieht man fast gar nichts – wir hätten auch vorbestellen sollen, Onkel Paul."

„Gar nicht. Du hast den schönsten Blick auf das Meer, den du dir nur wünschen kannst", warf Corinna boshaft ein.

Aber Sabina antwortete nicht und zeigte nur ihre Verachtung für das Meer, indem sie ihm den Rücken zukehrte und sich auf den einzigen Platz setzte, von dem aus man noch ein winziges Zipfelchen der Tanzfläche erspähen konnte.

„Ecco!" sagte Finny plötzlich und tippte mit dem Finger gegen Corinnas Arm.

„Ach, du meine Güte!" murmelte Corinna.

Da war er also wirklich, der Renaissancemensch! Er schob sich zwischen den Tischen hindurch und strebte auf den Winkel hinter der Efeuwand zu. Corinna blinzelte Mark zu, und der nickte leicht mit dem Kopf.

Plötzlich schien der Fremde sie bemerkt zu haben. Er blieb stehen und schickte unter gerunzelten Brauen einen Blick herüber. Dann trat er hinter die Efeuwand, offenbar um sich dort niederzulassen.

„Kennt ihr den?" fragte Sabina, sich neugierig vorbeugend. „Das ist doch der verrückte Maler."

„Maler? Wieso?" Corinna und Mark sahen einander an.

Auch Finny spitzte die Ohren.

„Wieso? Er malt eben. So ein ganz Verrückter muß das sein. Er hat seine Frau ermordet, und Bilder fälschen tut er auch!" Sabina sagte das so gleichmütig hin, als handle es sich um allbekannte und ganz selbstverständliche Dinge.

„Sabinchen!" Tante Mila sah sie entsetzt an. „Wie kannst du nur so etwas sagen? Woher willst du denn das wissen?"

„Giorgio hat es erzählt: Der hat ihn mir auch gezeigt. Die Leute kennen ihn hier alle. Er ist schon eine Zeitlang in Rimini, weil er die Wandbilder im Gerichtsgebäude restauriert, oder wie man das nennt. Für gewöhnlich wohnt er in Ravenna."

„Aha!" sagte Finny. „Mir beginnen einige Lichter aufzugehen."

„Mir auch!" ergänzte Corinna.

Onkel Paul unterbrach das Gewisper. „Also, Kinder, was wollt ihr nun haben? Spaghetti oder ein Fleischgericht? Limonade? Sprudelwasser? Heraus mit euren Wünschen!" Es war ihm endlich gelungen, den Kellner heranzuwinken, der nun wartend mit seinem Notizblock dastand.

Als die Bestellungen gemacht waren, konnte das Flüstergespräch fortgesetzt werden. „Wenn der Mann wirklich seine Frau ermordet hätte, dann würde er vermutlich nicht die Bilder im Gerichtsgebäude restaurieren, sondern säße im Gefängnis", bemerkte Mark zweifelnd.

„Da war er auch, ja. Aber sie haben ihn wieder freigelassen. Warum, weiß ich nicht", erzählte Sabina.

„Vielleicht haben sie's ihm nicht nachweisen können", vermutete Finny.

Sabina nickte. „Ich verstehe den Giorgio nicht immer ganz genau, obwohl er recht nett Deutsch spricht, aber ..."

„Du mußt nicht allen Klatsch nacherzählen, den dir die Eisverkäufer zutragen, Kind", fiel Tante Mila sanft mahnend ein.

Aber Sabina verteidigte sich. „Das ist kein Klatsch. Das weiß hier jeder. Auch, daß er neue Bilder so malt, daß sie genau wie alte aussehen. Und dann verkauft er sie und kriegt eine Menge Geld dafür, weil sogar die berühmtesten Kunstkenner sie für echte alte Meisterwerke halten."

„Wirklich? Wenn er das fertigbringt, muß er aber viel können."

„Toll begabt ist der da drüben schon", flüsterte Sabina. „Und auch ziemlich berühmt, glaube ich."

„Weißt du, wie er heißt?" fragte Corinna gespannt.

„Natürlich. Sandro Barghelli. Kürzlich war hier eine Ausstellung von seinen Bildern – nicht von den gefälschten, sondern von seinen richtigen, modernen Bildern. Er ist ein", Sabina stockte, „na, so ein Surrealitiker oder wie man die Leute nennt."

„Surrealist? Aha!" Finny nickte Corinna zu.

Aber Corinna sah sie nicht an. Ihre Augen hatten sich mit denen Marks getroffen. Mark schnalzte leise mit der Zunge. Corinna wußte: Er dachte daselbe wie sie.

Barghelli! Der Name, der als Absender auf dem bewußten Päckchen gestanden hatte! S. Barghelli. Sandro? Aber auch die Hausdame der Contessa hieß Barghelli. Und die Frau aus Innsbruck möglicherweise ebenfalls. Und das Bild in dem Päckchen? Neue Bilder, die wie alte aussehen? Ein gefälschter Botticelli? Die Gedanken und Fragen überstürzten sich in Corinnas Kopf.

„Wie soll er die Frau ermordet haben?" fragte Mark. „So?" Er tat, als halte er einen Revolver vor sich hin.

„Vergiftet, glaube ich. Er scheint überhaupt ein schrecklich gewalttätiger Mensch zu sein. Einmal ..."

Aber nun griff Onkel Paul energisch ein. „Ich würde diesen sonderbaren Herrn jetzt wirklich in Ruhe lassen, Sabinchen. Ist er denn so interessant, daß ihr über nichts anderes mehr zu reden wißt? Wechselt mal das Thema, Kinder! Ist das bemalte Segel dort draußen nicht erfreulicher als solch muffige Klatschgeschichten? Und überhaupt – Sabinchen, du warst doch so versessen darauf, Tanz und Tanzmusik zu genießen!"

„Ach, es tanzt ja fast niemand. Und wenn – man könnte hier doch nichts davon sehen", murrte Sabina.

„Dann würde ich mich am Essen schadlos halten. Seht ihr, da kommt es!"

Das Essen wurde aufgetragen, dazu die Getränke – Fruchtsäfte und Mineralwasser – und so verstummten die Gespräche tatsächlich sehr rasch. Die Blicke versuchten nicht mehr durch die Efeuwand zu dringen, um den „verrückten Maler" zu erspähen, und die Münder hatten anderes zu tun, als über seine Untaten zu lästern.

Aber die Gedanken konnten sich nicht so schnell von dem angeschlagenen Thema lösen. Wenigstens Corinnas Gedanken nicht. Sie sah Mark und Finny an, daß es denen nicht anders ging. Während des gesamten Essens grübelte Corinna über das nach, was sie soeben gehört hatte, und versuchte, es in den Kreis ihrer eigenen Beobachtungen und Erlebnisse einzuordnen.

Sandro Barghelli! Daß sie in seiner Wohnung in Ravenna übernachtet hatten, schien ziemlich klar, ebenso daß es sich bei dem geheimnisvollen Bild des „Renaissancemenschen" um ein Selbstporträt des „verrückten Malers" handeln mußte.

Da habe ich mich aber blamiert, dachte Corinna. Ich habe mit solcher Sicherheit behauptet, es sei ein typisches Renaissanceporträt, und auch das kleine Tobiasbild habe ich für einen echten Botticelli gehalten!

Daß Sepp Kahlenberg seinen Kollegen kannte, schien ebenfalls sicher zu sein. Er hatte ja auch mit der Signora Torrini über jemand, der Sandro hieß, gesprochen. Daran erinnerte sie sich.

Aber warum in aller Welt hatte er ihn dort auf der Treppe nicht kennen wollen. Und warum hatte er Marks Foto zerstört? Er hielt zu diesem sonderbaren und unheimlichen Menschen, der ein Mörder und Fälscher sein sollte, er machte gemeinsame Sache mit ihm, das war einfach nicht zu verkennen!

Doch welche Rolle spielten die beiden langnasigen Schwestern in dieser wirren Geschichte? Sandro Barghellis Nase hatte sie ja gleich an die der Schwestern erinnert – es mußte ein Familienkennzeichen sein – wahrscheinlich waren sie doch alle drei miteinander verwandt!

Ach, mir wäre ja die ganze Sache gleichgültig, dachte Corinna, wenn nur nicht Sepp Kahlenberg ...

Da spürte sie, daß etwas ihr Schienbein berührte. Sie sah auf, und ihre Augen folgten Marks Blick, der auf den Eingang der Terrasse gerichtet war. Inzwischen war die Dämmerung rasch eingefallen, aber Corinna erkannte doch sofort die helle Gestalt, die da zwischen den Tischen herankam. Sie zuckte heftig zusammen: Da war ja der, an den sie eben noch gedacht hatte! Was würde nun geschehen? Vermutlich hatte er sich hier mit dem „verrückten Maler“ verabredet.

Gerade setzte die Musik, die eine Weile pausiert hatte, wieder mit einem schwungvollen Tusch ein. Gleichzeitig leuchteten Ketten aus farbigen Lichtern über der Terrasse auf. Sie blendeten die Augen, gaben aber trotzdem nur eine unsichere Beleuchtung ab.

Sepp Kahlenberg erkannte in diesem Licht seine ehemaligen Reisekameraden sichtlich erst, als er ihrem Tisch schon ganz nahe war. Er zögerte, blieb einen Augenblick stehen, als wisse er nicht recht, ob er weitergehen solle oder nicht. Dann aber grüßte er kurz und kalt, fast feindselig, und schritt rasch auf die Efeuwand zu, hinter der er den Blicken entschwand.

„Wer war denn das nun wieder? Ein Bekannter von euch?“ fragte Tante Mila erstaunt.

„Vielleicht kennst du den auch?“ fragte Mark, sich an Sabina wendend.

Aber Sabina schüttelte den Kopf. „Nö. Nie gesehen.“

„Er ist auch ein Maler. Ich habe ihn ein Stück in meinem Wagen mitgenommen, daher kennen wir ihn“, erklärte Finny. Sie blickte Corinna verstohlen an. Wahrhaftig, die war ganz blaß geworden. Mit zusammengezogenen Brauen starrte sie die Efeuwand an.

Finny legte ihr die Hand auf den Arm –, aber dann wurde sie selbst abgelenkt. An einem der Nachbartische saß eine Gesellschaft von jungen Leuten, die Englisch sprachen. Es mochten Amerikaner sein. Sie hatten schon mehrfach herübergesehen; jetzt erhob sich einer von ihnen, trat näher und verneigte sich vor Finny, um sie zum Tanz aufzufordern.

Finny blickte verlegen zögernd ihre Tischgenossen an. Da verneigte sich der junge Mann nochmals und fragte, sich an Tante Mila und Onkel Paul wendend, sehr höflich in gebrochenem Deutsch, ob er „mit ihr Tochter ein Tanz haben" könne. Sabina kicherte, aber Tante Mila und Onkel Paul nickten lächelnd, und Finny zog mit dem jungen Amerikaner zur Tanzfläche.

Tante Mila sah ihren Mann an und summte die Melodie des Schlagers mit. „Sie spielen wahrhaftig einen Walzer, hör'!"

„Das weckt Erinnerungen, wie?" Onkel Paul lächelte. „Wollen wir's mal wieder probieren, Mila?" Er erhob sich und verneigte sich vor seiner Frau. Arm in Arm schritten Onkel und Tante davon. Sabina sah ihnen unzufrieden nach. „Im Notfall könnten wir's auch mal versuchen, Mark, wie?"

Aber Mark schüttelte sich mit echt brüderlicher Unhöflichkeit. „Kommt gar nicht in Frage."

„Du würdest mir ja auch bloß auf den Füßen herumtreten und meine Schuhe verderben", antwortete Sabina spitz und widmete sich dann gekränkt den dicken Trauben und Pfirsichen, die den Nachtisch der Mahlzeit bildeten.

Corinna aber starrte noch immer die Efeuwand an und sagte ganz gegen ihre Gewohnheit nicht ein Wort. Dann aber schrak sie zusammen. Da trat ja Sepp Kahlenberg wieder zwischen dem Grün hervor und wahrhaftig – er kam auf ihren Tisch zu!

Sabina fuhr sich schnell übers Haar und legte den Kopf erwartungsvoll auf eine Seite.

Aber nein, der blonde junge Mann wandte sich Corinna zu. Er machte eine knappe Verbeugung. „Darf ich bitten?" Das klang fast befehlend und gar nicht besonders liebenswürdig.

Corinna wollte eigentlich „nein" sagen. Doch dann merkte sie, daß sie in ihrer Verwirrung schon aufgestanden war. Nun konnte sie nicht mehr gut zurück. Also – in Gottes Namen . . .

Schweigend wanden sie sich zwischen den Tischen hindurch und betraten die schimmernd erleuchtete Tanzfläche. Corinna sah Onkel Paul und Tante Mila, die ihr im Vorübertanzen zunickten. Gut, daß die beiden in der Nähe waren. Sepp Kahlenbergs Schweigen und seine so merkwürdig ernste, fast starre Miene wirkten ja geradezu beängstigend. War das noch derselbe nette junge

Mann, der mit im roten Auto gefahren war und sich mit seiner „Schwester“ Finny geneckt hatte? Sie mochte ihn gar nicht ansehen, um nicht dem kalten und dabei vorwurfsvollen Blick seiner Augen zu begegnen.

Er verbeugte sich noch einmal kurz, umfaßte sie, und dann glitten sie in den Tanz. Corinna merkte sofort, daß er gut tanzte – nun, kein Wunder, als Österreicher mußte er ja auch etwas vom Walzertanzen verstehen. Er führte sie so sicher, daß auch sie ganz von selbst die richtigen Schritte machte.

Eigentlich geht das ganz schön so, wollte Corinna eben denken, – da begann er zu sprechen, und der strenge Klang seiner Stimme machte sofort wieder jedes Vergnügen an diesem Tanz in ihr zunichte. „Da haben Sie also glücklich Ihre Verwandten gefunden, wie's scheint?“ fragte er.

„Ja“, murmelte Corinna befangen.

„Das ist gut. Sie wissen, was ich Ihnen schon in Innsbruck gesagt habe: So junge Leut' wie ihr zwei sollten nicht allein in der Welt herumgondeln. Die machen dann bloß Dummheiten – wie's bei euch ja auch der Fall gewesen ist. Jetzt aber hoff' ich nur, daß es damit ein Ende hat und daß Onkel und Tante dafür sorgen ...“

Corinna ließ ihn nicht ausreden. Nun glühte ihr Gesicht vor Zorn. „Müssen Sie denn immerzu solches Zeug reden? Das ist ja nicht auszuhalten!“ Ihr Blick erfaßte zufällig zwischen den Tanzenden Finnys kleine hellblaue Gestalt, die sich mit dem langen Amerikaner munter in der Runde drehte. „Finny gondelt schließlich auch allein in der Welt herum. Warum halten Sie der keine Predigten?“

„Das Finerl ist ein erwachsener Mensch, der weiß, was er tut.“

„Ich etwa nicht?“ Corinna stolperte und geriet aus dem Rhythmus, so zornig war sie.

„Das kann man nicht gerade behaupten, Corinna.“ Er drehte sie mit energischem Ruck wieder in den richtigen Schwung hinein. „Sie haben ziemlich deutlich bewiesen, daß man Sie nicht allein reisen lassen kann, wissen Sie!“

„Und womit? Womit habe ich das eigentlich bewiesen, bitte? Das möcht ich doch gern wissen!“

„Dadurch, daß Sie sich in eine Angelegenheit haben hineinziehen lassen, die Sie überhaupt nichts angeht, die aber gefährlich für

Sie werden kann, wenn sie nicht sofort und gänzlich Schluß damit machen!"

Sie tanzten jetzt am Rande der Tanzfläche hin. Flüchtig im Vorüberdrehen erblickte Corinna Sabina und Mark. Sie standen zwischen den Tischen und sahen dem Gewirbel der Paare zu.

Doch gleich waren sie wieder aus dem Blickfeld gerückt. Corinna und ihr Tänzer drehten sich jetzt mitten im dichtesten Gewühl. Eins, zwei, drei – eins, zwei, drei . . . Immer rund herum. Die Musik schwirrte weich und schmelzend. Mir ist ganz wirbelig im Kopf – dachte Corinna. Alles ist verrückt und verdreht. Was will der bloß mit seinem Gerede?

„Wenn Sie nur nicht immer orakeln würden!"stöhnte sie auf. „Gräßlich ist das! Nie weiß man so recht, wovon Sie eigentlich reden."

„Sie wissen's sehr gut, Corinna. Sie haben es immer gewußt. Seien Sie nun einmal in Ihrem Leben vernünftig." Seine Stimme klang jetzt noch eindringlicher und schien auf einmal an Wärme zu gewinnen. „Ich kann nicht immer als Schutzengel um Sie herumflattern."

„Was auch kein Mensch von Ihnen verlangt."

„Seien S' doch nicht so bockig!" rief er ungeduldig. Auch er schien jetzt in Zorn zu geraten. „Sehen S' denn nicht, Mädel, daß ich's gut mit Ihnen mein – besser vielleicht, als Sie's verdienen?" Er hatte die Stimme gehoben.

Auf einmal bemerkte Corinna, daß Mark und Sabina neben ihr tanzten. Ziemlich unbeholfen und langsam schoben sie sich zwischen den anderen Paaren herum. Mark sah beobachtend und fast ängstlich Corinna an, Sabina aber lachte spöttisch im Vorüberdrehen. Offenbar machte es ihr Spaß zu hören, wie Corinna hier in aller Öffentlichkeit von ihrem Tänzer abgekanzelt wurde.

Dieses Lachen Sabinas brachte Corinnas Zorn vollends zum Überkochen. „Jetzt habe ich aber genug!" Mit einem Ruck riß sie sich von Sepp Kahlenberg los. „Genug von Ihrer Geheimniskrämerei und allem! Spielen Sie sich bitte vor anderen Leuten auf; halten Sie denen Predigten, aber lassen Sie mich in Ruhe, ja!" Sie schob sich zwischen den Tanzenden hindurch und floh, ohne sich umzusehen, über die Terrasse davon.

Ganz verwirrt, mit Tränen in den Augen stolperte sie in die bunte Dämmerung hinaus. Die Musik und das Stimmengewirr dröhnten in ihren Ohren, die Lichter blendeten sie. Eigentlich wollte sie zu ihrem Platz zurücklaufen, aber sie verfehlte die Richtung und landete irgendwo an einer eisernen Brüstung, an die sie sich klammerte. Unter ihr klopften die Wellen sanft gegen die Terrassenmauer; das weite Meer flimmerte umgewiß im bunten Licht, das von hier oben auf das Wasser hinabfiel. Es war wie auf einem Schiff. Der leichte Abendwind spielte um Corinnas glühendes Gesicht; er roch nach Wasser und Ferne. Auch die Musik klang hier leiser.

Corinna atmete auf. Hoffentlich kommt er mir nicht nach – dachte sie. Hoffentlich bin ich ihn nun für immer und ewig los, diesen unerträglichen Schulmeister!

Aber kaum hatte sie das gedacht, als sie erschrak. Da kam er ja schon. Dort bog er um die Hausecke. Sie sah sich nach einer Fluchtmöglichkeit um, aber er vertrat ihr den Weg. „Corinna, das hat doch keinen Sinn, daß Sie wütend werden und davonrennen." Seine Stimme klang jetzt sanfter. „Ich glaube, Sie begreifen wahrhaftig noch immer nicht, daß Sie sich in Gefahr begeben, wenn Sie so weitermachen."

„Wenn ich wie weitermache?" Corinna klammerte sich mit einer Hand an das Gitter der Brüstung.

Er atmete ungeduldig auf. „Wenn Sie sich weiterhin als Werkzeug dieser boshaften Frauenzimmer gebrauchen lassen und nicht aufhören, Sandro Barghelli zu verfolgen", stieß er halblaut hervor.

Corinna starrte ihn an. Sie zog die Luft durch die Lippen ein. „Aha! Also Sie kennen ihn doch! Und warum haben Sie dann so getan, als sei er Ihnen ganz unbekannt – dort vor dem Gerichtshaus? Warum?"

Er sah zur Seite. „Da wußte ich noch nicht gewiß, ob ich . . ." Sein Kopf fuhr plötzlich wieder zu ihr herum. „Aber Sie haben wirklich kein Recht, mir Fragen zu stellen, Corinna. Sie bezeichnen mich als einen Geheimniskrämer. Dabei sind Sie's, die nicht ehrlich gegen mich ist."

„Ich? Sie haben uns ja die ganze Zeit beschwindelt!"

„Ich hab Ihnen nie Lügen erzählt wie Sie mir! Sie haben behauptet, Sie seien nicht am Gardasee gewesen. Dabei weiß ich zufällig genau, daß Sie in San Quirino waren. Und daß Sie dort das Bild abgegeben und neue Anweisungen erhalten haben!"

„Das Bild?"

„Tun Sie doch nicht, als wüßten Sie von nichts! Da Sie das Pakkerl geöffnet haben, dürfte Ihnen ja wohl bekannt sein, daß es sich um ein Bild gehandelt hat. Was für Aufträge Sie weiter gekriegt haben, wissen Sie allerdings besser als ich. Aber eins ist mir klar: Warum Sie nämlich jetzt in die Pension Bellavista gezogen sind!"

„Weil – weil meine Verwandten dort wohnen!"

„Nein. Weil Sandro Barghelli nebenan haust. Darum! Aber ich rate Ihnen ernstlich, Corinna, seien Sie g'scheit, lassen Sie die Spioniererei bleiben! Brechen Sie jede Verbindung mit diesen Erbschleichern ab! Sie haben sich aus kindlicher Abenteuerlust in die G'schichte eingelassen, aber Sie sind wahrhaftig zu gut dazu, den Spion zu machen." Er sprach eindringlich und bittend auf sie ein. „Seien Sie doch vernünftig! Sandro gerät allmählich in eine Verfassung, die mir Sorge macht. Wenn ihr ihn weiter in die Enge treibt, kann's ein Unglück geben. Ich habe Angst, nicht nur um ihn, sondern noch mehr um alle, die sich zum Werkzeug seiner Gegner machen. Und ich kann nicht ewig hierbleiben. Ich habe mir hin und her überlegt, Corinna, ob ich mit Ihren Verwandten sprechen soll. Aber ich möchte Sie ungern bloßstellen." Sepp Kahlenberg fuhr sich, wie erschöpft, über die Stirn. „Ich mein immer, Sie seien doch alt genug, um Vernunft annehmen zu können."

„Nein, das kann ich eben nicht." Corinna zitterte. „Ich begreife kein Wort von allem, was Sie reden." Sie kämpfte mit den Tränen, während sie sich mehr und mehr in ihre Erregung hineinsteigerte. „Sie schleichen sich in mein Zimmer wie ein Dieb und haben's auf mein Gepäck abgesehen, und Ihr Freund Sandro, der seine Frau ermordet hat und Bilder fälscht ..."

„Um Gottes willen, seien Sie still, Corinna!" Er sah sich entsetzt um und streckte unwillkürlich die Hand aus, wie um ihr den Mund zuzuhalten.

Aber Corinna bog sich von ihm weg. „Nein, ich bin nicht still", rief sie, außer sich vor Zorn, „ich schreie, wenn Sie mich jetzt nicht vorbeilassen. Ich schreie laut nach meinen Verwandten und nach der Polizei und – und ..."

,,Beppo!" rief da eine dunkle, befehlende Stimme, sie unterbrechend. Von der hellen Hauswand hob sich eine Gestalt ab.

Erschrocken fuhr Sepp Kahlenberg herum. ,,Si, si. Subito", rief er hastig. Dann legte er die Hand auf Corinnas Arm. ,,Vernünftig sein, Corinna, bitte! Ich kann jetzt nicht weiter mit Ihnen reden. Aber ich habe Sie gewarnt. Ich kann nicht mehr tun, als Sie um Vernunft bitten", murmelte er eindringlich und ging dann rasch zu dem Schatten hinüber, der regungslos stehengeblieben war.

,,Andiamo, andiamo", hörte Corinna ihn noch sagen und sah, wie er den Mann an der Mauer fast gewaltsam zum Weitergehen drängte.

Dann waren die beiden verschwunden. Corinna kämpfte noch immer mit den Tränen. ,,Mein Gott", flüsterte sie vor sich hin, ,,alles ist ja verrückt und verdreht . . ."

,,Corinna!" Das war Sabinas Stimme. Mark und Sabina kamen auf sie zugestürzt. ,,Hier bist du? Wir dachten, du seist reinweg verschwunden. Warum bist du denn vom Tanz weggelaufen?"

,,Wir haben dich überall gesucht", ergänzte Mark und sah ihr fragend ins Gesicht.

Corinna schüttelte nur matt den Kopf und wandte sich weg. Die beiden brauchten nicht zu sehen, daß sie weinte.

Natürlich sah es Sabina aber doch. ,,Was hast du denn? Du heulst ja! Dein Tänzer war ziemlich komisch, nicht?"

,,Rede nicht soviel", unterbrach sie der Bruder barsch. ,,Du mußt jetzt zum Tisch mitkommen, Corinna, Tante Mila hat schon nach dir gefragt."

,,Mark und ich haben auch getanzt, hast du's gesehen?" schwatzte Sabina, während sie zu den Tischen zurückgingen. ,,Das war eine gräßliche Stolperei, kann ich dir sagen. Jetzt muß Onkel Paul mit mir tanzen, der kann's bestimmt besser."

Mark hielt Corinna ein wenig zurück. ,,Was hat er gesagt?" flüsterte er.

,,Ach, Mark!" Corinna preßte die Hand gegen die Stirn. ,,Mir dreht sich alles. Ich glaube, ich werde wirklich verrückt. Ich weiß nicht mehr, ist das mein Kopf und das da meine Hand?"

,,Was war denn nur?"

,,Nicht jetzt." Corinna blickte zu Sabina hin, die sich vor ihnen zwischen den Tischen durchwand, jetzt aber wie lauschend den Kopf drehte. „Heute abend! Komm zu unserem Zelt, dann erzähle ich dir alles."

„Gut. Heute abend dann." Mark nickte. „Wisch dir die Augen aus und nimm dich zusammen, damit die anderen nichts merken!"

„Nun, Kinder, wo steckt ihr denn eigentlich? Wir wollen aufbrechen", rief ihnen Tante Mila entgegen. Sie und Onkel Paul saßen wieder an ihrem Tisch, und auch Finny war bei ihnen.

„Schon?" fragte Sabina. „Onkel Paul, tanzt du nicht mal mit mir?" Sie legte den Kopf auf die Seite. „Du kannst es doch so fein!"

Der Onkel lachte. „Hast's ja schon mit Mark versucht, Sabinchen. Es wird wirklich Zeit, daß du in dein Bett kommst."

Sabina widersprach. Aber diesmal blieben Onkel und Tante ausnahmsweise fest. „Corinna sieht schon ganz müde und mitgenommen aus", bemerkte Tante Mila.

Auch Finny sah Corinna besorgt an. „Was ist?" fragte sie leise.

„Ach – mir ist bloß ein bißchen komisch. Ich möchte gern nach Hause."

„Also ich weiß nicht – eigentlich find ich's in Rimini doch ziemlich fad", sagte Sabina, während sie die Terrasse verließen. „Das habe ich mir anders gedacht. Wenn ich's recht bedenke: in Marina di Ravenna war's doch netter. Eigentlich könnten wir wieder dahin zurückfahren, was meinst du, Onkel Paul?"

Nächtliche Beratung

Finny und Corinna lagen auf den Gummimatratzen im Zelt. Die Luft war heiß und stickig unter der Leinwand. Finny streckte ihren Arm aus und berührte Corinnas Schulter. „Willst du mir nicht alles erzählen, Kindl? Sicher wird's dir dann wohler werden, meinst nicht?"

„Wie soll ich das wissen?" fragte Corinna matt. Sie drehte sich auf die Seite. „Mark wird gleich herüberkommen. Dann erzähle ich euch alles. Bloß möcht ich's nicht zweimal durchkauen."

„Natürlich."

Finny lauschte auf Corinnas mühsame Atemzüge. Weinte sie? Was mochte ihr dieser Sepp gesagt haben, daß sie so ganz aus dem Häuschen geraten war? Wart nur, Brüderl, dir werd ich's aber zeigen, wenn wir uns wieder begegnen sollten – dachte Finny böse.

„Wenn ich nur wüßte, wie alles zusammenhängt! Ich begreife ja überhaupt nichts!“ stöhnte Corinna plötzlich auf.

„Hast ihn denn nicht gefragt?“

„Ach, ich war ganz durcheinander. Gar nichts Rechtes habe ich herausbringen können – bloß dummes Zeug. Und jetzt seh ich ihn vielleicht nie wieder – und werde nie erfahren, warum er das von mir denkt – daß ich ein Spion bin.“

„Was? Hat er das gesagt? Das kann er nicht im Ernst gemeint haben!“

„In – vollem – Ernst hat er's gesagt, in vollem Ernst“, versicherte Corinna schluchzend, „das ist ja gerade das Gräßliche.“

„Und du hast keine Ahnung, wie er darauf ...“

Da wurde außen an der Leinwand des Zeltes gekratzt.

„Hallo!“ hörten sie Marks Stimme flüstern. „Seid ihr noch wach und besuchsfähig da drinnen?“

„Ja, das sind wir.“ Finny streckte ihren wirren Lockenkopf ins Freie hinaus. Mark hockte draußen auf dem Sand, nicht mehr als ein dunkler Umriß im matten Sternenlicht, das den kleinen Hof hinter der Garage mit einer ungewissen Dämmerung erfüllte.

„Im Zelt ist eine Bruthitze, Mark.“

„Bei mir auch. Ihr kommt wohl besser heraus. Hier ist ja keine Seele, die uns hören könnte.“

„Kommst du, Corinna?“ fragte Finny ins Zeltinnere hinein. „Bring aber unsere Decken mit – draußen wird's jetzt endlich kühler.“

Gleich darauf hockten sie alle drei, halb in ihre Decken gewickelt, wie Beduinen vor dem Zelt.

„Also – nun mal los, Corinna! Berichte!“

Corinna schluckte. Dann berichtete sie. Flüsternd erzählte sie von ihrem Gespräch mit Sepp Kahlenberg, wiederholte seine rätselhaften Anschuldigungen und Bitten so wortgetreu wie möglich. Dabei konnte sie allerdings nicht verhindern, daß ihre Stimme sich in der Erregung manchmal bedenklich hob. Dann versuchten die an-

deren sie sofort mit „Pst, pst!“ oder „Schrei doch nicht so, die ganze Nachbarschaft kann dich ja hören!“ zu dämpfen.

Schließlich wollte Finny noch wissen, was für eine Bewandtnis es eigentlich mit San Quirino und dem Päckchen gehabt habe. So bekam sie die ganze Geschichte erzählt.

„Begreift ihr nun das alles? Habt ihr eine Ahnung, wie die Sache zusammenhängen könnte?“ fragte Corinna zuletzt, tief Atem holend.

„Hm.“ Mark nickte nachkenklich vor sich hin. „Ahnen kann man's schon. So ungefähr wenigstens. Hat er nicht etwas von boshaften Frauenzimmern und Erbschleichern gesagt? Die edlen Mitglieder der Familie Barghelli scheinen sich untereinander zu raufen. Möglicherweise geht's um das zu erwartende Erbe der alten Contessa. Was meint ihr?“

„Das könnte stimmen. Du bist nicht dumm, Mark“, sagte Finny anerkennend. „Ich wäre da nicht drauf gekommen. Aber wie du's jetzt sagst ...“

„Sandro Barghelli könnte der bevorzugte Erbe sein“, fuhr Mark, durch das Lob angestachelt, fort, „und die Frau aus Innsbruck und die Hausdame möchten auch etwas erschnappen und intrigieren deshalb gegen ihn – wie, weiß ich allerdings auch nicht. Das Päckchen hat bestimmt irgend etwas damit zu tun . . .“

„Aber unser Renaissancemensch ist doch sicherlich kein Bruder der beiden Schwestern mit den langen Nasen. Sie sprechen beide österreichischen Dialekt; er ist ein waschechter Italiener!“

„Das wissen wir nicht genau. Er kann ja auch ein entfernter Verwandter sein. Auf alle Fälle wird er auf irgendeine Weise verfolgt – wenigstens behauptet das dieser Sepp Kahlenberg, der allerdings in der Sache auch Partei zu sein scheint.“

„Aber warum in aller Welt glaubt er denn, daß wir diesen Sandro verfolgen – oder vielmehr ich, denn er hat ja so getan, als sei ich im Hauptberuf Spionin und bloß darauf versessen, diesen Menschen zu verfolgen, der mir doch so gleichgültig ist wie nur etwas?“ Corinnas Stimme war wieder laut geworden.

„Pst! Leiser! Vermutlich hat dieser sogenannte Hellseher da falsch kombiniert. Er hat uns wohl schon in Innsbruck als vermutliche Komplicen der guten Tante mit dem grünen Hut beargwöhnt. Dann hat er irgendwie – ich möcht nur wissen wie – erfahren, daß wir das Päckchen nach San Quirino gebracht haben und hat sich darauf einen Reim gemacht, allerdings einen falschen. Es kann gar nichts anderes sein – er denkt, man hat uns angestiftet, den Sandro zu überwachen. Deshalb hat der so böse geguckt, als er unsere Köpfe hier über der Mauer sah.“

„Aber das war doch reiner Zufall!“ entgegnete Corinna.

„Das nehmen sie eben nicht an. Sie meinen, wir haben gewußt, daß der Sandro hier nebenan wohnt.“

„Ja, das hat er klar und deutlich erklärt.“

„Eben. Da steckt das Mißverständnis.“

„Wenn du gescheit gewesen wärst, hättest du's gleich aufgeklärt“, ergänzte Finny.

Corinna seufzte. „Ich war einfach zu wirr im Kopf von allem. Ich konnte gar nicht recht begreifen, was er meinte. Und er redete so überzeugt, als ob's gar keinen Zweifel gäbe . . .“

„Wahrscheinlich hätte er dir auch gar nicht geglaubt“, sagte Mark.

„Das war ja das Gräßliche. Er hat behauptet, ich hätte ihn angelogen. Und das habe ich ja auch getan." Jetzt begann Corinna wieder zu schluchzen. „Aber daran bist bloß du schuld, Mark! Du hast mich immer so bedeutungsvoll angeguckt und mir Rippenstöße gegeben!"

„Dazu war auch Grund vorhanden. Du siehst ja . . ."

„Man müßte ihm die Sache erklären", redete Finny beruhigend dazwischen. „Wenn man vernünftig mit ihm verhandeln tät – so dumm ist mein Herr Bruder nicht."

„Ich halte ihn für ziemlich stur." Mark schüttelte gedankenvoll den Kopf. „Ich bin nicht für weitere Verhandlungen, muß ich sagen. Ich traue der Firma Kahlenberg und Barghelli nicht."

„Ja, du hast ihm nie getraut – von Anfang an nicht", murmelte Corinna.

„Mit Recht, wie du jetzt siehst! Der Kerl hat dich eine Spionin genannt. Eigentlich ist das zum Lachen – ausgerechnet dich! Dabei hat er uns die ganze Zeit über bespitzelt. Ich hatte gleich so ein dummes Gefühl, als er da in Innsbruck mit seinen Hellseherkünsten aufwartete, und besonders als er dann anfing, auf gut Glück unsere Bekanntschaft mit der fremden Frau anzupeilen – von wegen Tante und so. Du erinnerst dich wohl, Corinna, daß da jemand durch die Scheibe in den Saal guckte – das muß er gewesen sein! Vermutlich hat die alte Tante gewußt, daß er hinter ihr her war – oder besser gesagt: hinter dem Päckchen. Deshalb dürfte sie es dir auch wohl aufgeschwatzt haben."

„Hast du denn die ganze Zeit über vermutet, daß er etwas mit dem Päckchen zu tun haben könnte, Mark?" fragte Finny verwundert, „dazu hätte meine Kombinationsgabe nicht ausgereicht."

„Das war nicht schwer zu merken. Warum hätte er sonst von ‚Briefträger' und so reden sollen? Jetzt ist es ja ganz klar, wo er Corinna geradezu darauf angesprochen hat! Eins ist mir allerdings schleierhaft: Woher weiß er, daß wir in San Quirino waren und – daß wir das Päckchen aufgemacht haben? Das ist das Allermerkwürdigste – da könnte man tatsächlich an Hellseherei glauben. Ob die Leute in unserem Abteil . . .?" Mark vollendete den Satz nicht und wiegte grübelnd den Kopf.

„Aber die schliefen doch", wandte Corinna ein.

„Sie können schon mal geblinzelt haben. Oder vielleicht taten sie nur so, als schliefen sie. Aber der Gedanke kommt mir auch abwegig vor. Diese Leute sahen so harmlos aus."

„Und sind ja schon gleich hinter dem Brenner ausgestiegen. Was sollten die von San Quirino wissen?"

„Eben. Das ist und bleibt rätselhaft. Aber daß der Herr Kahlenberg hinter dem Päckchen herjagte, ist sonnenklar. Er hat sich gedacht, daß die Frau es uns mitgegeben hat . . ."

„Deshalb hat er mich auf der Post in Ravenna mit Argusaugen beobachtet und ist dann in der Nacht . . ."

Corinna brach sehr plötzlich ab.

„Was war in der Nacht?" Mark beugte sich vor. „Davon weiß ich ja gar nichts!"

Corinna zögerte. „Eigentlich wollte ich dir's nicht erzählen", murmelte sie. „Es war so sonderbar. Er kam in unser Zimmer – das heißt, ich glaube, daß er's war –, und es sah aus, als wollte er nach Konstantin greifen. Da habe ich mich aufgesetzt, und er rannte davon. Aber ganz bestimmt sagen, daß er's war, kann ich nicht. Ich habe nur einen Schatten gesehen."

„Daß ich davon überhaupt nichts gemerkt hab!" wunderte sich Finny. „Ich erinner' mich bloß dunkel, daß du mal irgend etwas gesagt hast . . ."

„Er wird's schon gewesen sein", grübelte Mark. „Vermutlich wollte er deine Sachen durchwühlen und sehen, ob du das Päckchen dabei hattest. So eine Frechheit! Übrigens – zu der Zeit kann er noch nicht gewußt haben, daß wir's nach San Quirino gebracht haben! Oder er hat gedacht, die dort hätten's uns wieder mitgegeben, was ja auch hätte sein können. ‚S. Barghelli' stand auf dem Päckchen. Also sollte wohl der Anschein erweckt werden, als hätte dieser Sandro der Contessa das Bild von Ravenna aus zugeschickt. Warum nur? Der Kahlenberg hat doch von Gegnern gesprochen! Was können die davon haben, wenn die alte Dame denkt, daß der Maler Barghelli ihr ein Bild zum Geburtstag verehrt? Damit tun sie ihm doch eher einen Gefallen!" Auch Mark seufzte nun, aber dann richtete er sich etwas gerader auf und schüttelte sich. „Na ja, lassen wir's gut sein."

„Ich möchte schon gern wissen, wie alles zusammenhängt", sagte Corinna mit gepreßter Stimme.

„Ich auch. Aber ich bin trotzdem der Meinung, daß wir die Geschichte ruhen lassen und uns gar nicht mehr mit ihr abgeben sollten. Der Herr Kahlenberg hat nämlich in einem Punkt ganz sicher recht: Dieser Barghelli – er mag nun ein Mörder sein oder nicht – ist bestimmt ein gefährlicher und gewalttätiger Kunde. Und es ist dringend zu raten, daß du ihm jetzt aus dem Weg gehst, Corinna! Wenn er noch einmal eine zufällige Begegnung für Absicht nehmen sollte ... Ohne Grund hat dich dieser Sepp bestimmt nicht gewarnt!"

„Unsinn. Ich fürchte mich doch nicht", murmelte Corinna.

„Heute abend hast aber gesagt, du zittertest schon beim bloßen Gedanken an seinen bösen Blick", hielt ihr Finny vor.

Corinna starrte verstockt vor sich hin. „Kümmere dich nicht um mein dummes Geschwätz von heute abend", brummte sie. „Er wird mich schon nicht fressen."

„Ich habe immer Angst vor ihm gehabt", gestand Finny. „Schon, als ich sein Bild gesehen hab. Ich möcht nicht im Bösen mit ihm zu tun kriegen. Dein Bruder hat ganz recht, Corinna, du mußt ihm aus dem Weg gehen. Nicht mehr dort über die Mauer gucken, und den Kopf wegdrehen, wenn man ihm begegnet."

„Wir sollten von hier wegziehen – am besten in eine andere Stadt", überlegte Mark.

„Sonst noch was?" Corinna fuhr auf. „Davonlaufen etwa?"

„Schlecht wär's nicht." Auch Finny überlegte. „Vielleicht könnten wir wieder nach Ravenna zurückgehen. Da möcht ich sowieso gern nochmal hin. Die Sehenswürdigkeiten in Rimini hat man schnell durch, aber in Ravenna gibt's eine Menge Schönes, das wir noch gar nicht gesehen haben. Zum Beispiel waren wir nicht beim Theoderich-Grabmal und in keinem Museum. Der gefährliche Renaissancemensch ist ja momentan hier beschäftigt."

„Ich will nicht nach Ravenna", sagte Corinna verbissen. „Der Renaissancemensch ist mir völlig egal, aber – ich lauf nicht vor ihm davon – ich mag nicht tun, was Herr Kahlenberg befiehlt."

„Was der vorhat, wissen wir eben nicht genau. Sonst wäre ich ebenfalls für Ravenna", kam Marks nachdenkliche Stimme aus dem Dunkel. „Aber es könnte doch sein, daß er auch dorthin geht."

„Was würde das schaden?" fragte Finny. „Vor ihm braucht Corinna doch keine Angst zu haben. Wir müssen sowieso noch mit ihm reden. Es geht ja nicht an, daß er lauter falsches Zeug von euch denkt.“ Sie versuchte in Corinnas Gesicht zu sehen, aber sie konnte in der matten Dunkelheit nur die Umrisse ihres gesenkten Kopfes unterscheiden.

Corinna schwieg. Mark aber wehrte sehr bestimmt ab. „Nein, dafür bin ich nicht. Es hat auch keinen Zweck. Der sagt uns doch nicht die Wahrheit. Da gibt's nur neue Aufregungen. Am besten, wir haben nichts mehr mit der ganzen Firma zu tun. Die Sache mit Ravenna wäre zu überlegen. Sabina hat ja auch heute abend den plötzlichen Wunsch geäußert, nach Marina di Ravenna zurückzukehren. Wenn sie dabei bliebe – sie könnte Onkel und Tante überreden . . .“

„Ich will nicht dahin, wo Sabina hinwill! Ich will nicht tun, was irgendwelche Leute wollen. Ich will keinem Menschen aus dem Weg gehen. Das habe ich nicht nötig. Ich habe nichts verbrochen, und ein Spion bin ich auch nicht!“

„O Gott!“ seufzte Mark auf.

„Was gibt's da zu seufzen?“ fragte Corinna heftig. Ihre Stimmung war umgeschlagen. Sie schien nun plötzlich voller Angriffslust. „Ich pfeife auf deine Ratschläge, Markus Aurelius, und auf dein weises Gerede, das kann ich dir nur sagen. Kümmert euch um eure eigenen Angelegenheiten und nicht um die meinen!“

„Sei nicht kindisch, Corinna!“ Finny begann ärgerlich zu werden. „Dein Bruder hat in der ganzen G'schicht von Anfang an richtig kombiniert und seinen klaren Kopf bewiesen. Du mußt zugeben, daß er g'scheit ist.“

„Bloß weil er soviel Kriminalgeschichten liest! Daher kommt das.“

„Ich glaub' eher, 's kommt von seiner angeborenen Vernunft her. Und deshalb mein ich, du könntst ruhig seinen Ratschlägen folgen und selber ein bissel vernünftig sein.“

Da brach Corinnas Zorn vollends los. „Immer dieses Geschwätz von der Vernunft! Alle könnt ihr nichts anderes reden. Vernunft, Vernunft, Vernunft! Immer das gleiche! Aber ich bin nun mal nicht vernünftig – und ich will's auch nicht sein.“ Sie hämmerte mit den Fäusten auf ihre Knie los.

Von zwei Seiten wurde versucht, ihr den Mund zuzuhalten. „Himmel, Corinna, bist du denn ganz von Gott verlassen? Der Renaissancemensch hört dich ja drüben in seiner Wohnung schreien!“

Corinna ließ sich schluchzend in den Sand zurückfallen. „Der Sepp hat auch nichts Besseres zu sagen gewußt als immer Vernunft und Vernunft“, wimmerte sie. „Alle sagen das, alle, alle ...“

„Und warum? Weil's dringend nötig ist bei dir!“ Finny war nun auch böse geworden. „Jetzt reißt mir aber mein Geduldsfaden, weißt. Wir tun alles, um dich zu trösten, dir zu helfen und zu raten. Und du stellst dich zum Dank so albern an. Das hab' ich gern. Wenn du dich allweil so kindisch benehmen willst, mußt dich nicht wundern, daß dich die Leut' nicht als einen erwachsenen Menschen nehmen und daß der Sepp Kahlenberg dir Predigten hält. Ich find's sogar aller Ehren wert, daß er sich noch soviel Müh' mit dir gibt. Ich hab' jetzt jedenfalls keine Lust mehr, dir deinen bockigen Kopf zurechtzusetzen. Ich verzieh' mich auf meine Matratzen und schlaf', das dürft' das Gescheiteste sein. Tu du das gleiche, Mark! Vielleicht ist Corinna morgen in besserer Stimmung, sich helfen zu lassen. Gut' Nacht.“

Und Finny ließ ihren Worten die Tat folgen und kroch ohne weiteres ins Zelt zurück. Dort hörte man sie noch ein Weilchen herumrumoren, dann wurde es still.

Corinna lag regungslos auf dem Rücken. Ihr Gesicht war naß von Tränen, aber sie schluchzte jetzt nicht mehr. Sie lauschte in die Stille der Nacht hinaus. Ganz von fern hörte man ein gleichmäßiges Rauschen – das mußte das Meer sein. Das eintönige Geräusch beruhigte und machte schläfrig.

Aber Corinna wollte nicht schläfrig werden. Sie setzte sich auf. „Bist du noch da?“ fragte sie leise in die unbestimmte Dämmerung hinein, die sie umgab.

„Ja“, antwortete Marks Stimme.

„Es tut mir leid, daß ich mich so blöd benommen hab“, flüsterte Corinna. „Wenn ich nicht so gräßlich durcheinander wäre ...“

„Ich weiß.“

„Wieso? Was?“

„Corinna“, kam es jetzt fast feierlich aus der Dämmerung, „Corinna, hör! Du hast mir einmal – am Anfang unserer Reise, im Zug – da hast du mal gesagt, du willst auf dieser Fahrt immer tun, was ich dir rate – oder so ähnlich. Ich weiß nicht, ob du dich erinnerst . . .“ Mark hielt den Atem an.

Würde Corinna jetzt sagen: Kümmere dich nicht um mein dummes Geschwätz von damals? Aber Corinna schwieg.

Nach einer Weile begann Mark wieder: „Sepp Kahlenberg hat recht. Die Geschichte kann gefährlich werden. Und deshalb mußt du Schluß mir ihr machen, ganz und endgültig!“

„Ich weiß, du kannst ihn nicht leiden“, sagte Corinna dumpf.

„Das will ich nicht unbedingt behaupten. Aber ich kann nicht leiden, daß – ach, du weißt schon, was ich meine.“

„Nein.“

„Ich mag nicht, daß du dich lächerlich machst, Corinna! Daß du Leuten nachläufst, die . . .“ Mark brach ab, und es wurde wieder für eine Weile ganz still.

„Also – was soll ich tun?“ fragte Corinna schließlich leise.

„Nichts weiter, als den beiden aus dem Weg gehen – auch dem Kahlenberg! Vielleicht ist der Gedanke mit Marina di Ravenna nicht so übel. Altweilers wollen natürlich irgendwo am Meer wohnen, dazu sind sie ja hergefahren. Und ohne sie können wir nicht losziehen – jetzt, nachdem sie uns gerade erst so freundlich aufgenommen haben.“

„Das ist klar. Wir brauchen mindestens ihre Zelte.“

„Eben. Aber wenn Sabina wirklich nach Ravenna will, dann setzt sie sowieso durch, was sie sich in den Kopf gepflanzt hat. Es ist eigentlich schamlos, wie sie Onkel Pauls Gutmütigkeit ausnützt.“

„Wir sind genauso schamlos, Mark!“ Corinna seufzte. „Eine durch und durch schamlose Familie. Ich glaube, die Eltern würde es empören, wenn sie wüßten, wie wir die guten Altweilers ausnützen.“

„Vorerst kann man nichts daran ändern. Vielleicht können wir ihnen später mal eine Freude machen – zum Dank.“ Mark gähnte. „’s ist schon mächtig spät, Corinna. Oder vielmehr früh. Ich fange auch an, Sehnsucht nach der Matratze zu kriegen. Also – wenn wir beide uns einig sind . . .“

„Ja, das sind wir“, sagte Corinna fest.

„Schön. Gehen wir schlafen. Schau, der Mond ist jetzt auch heraus. Wie hell es auf einmal ..." Mark unterbrach sich. „Da ist jemand", flüsterte er.

„Was? Wo?" Corinna fuhr auf.

Tatsächlich. Hinter den Zelten schien sich etwas zu bewegen.

„Halt!" rief Mark halblaut. „Stehenbleiben!"

Mit ein paar Sprüngen sauste er auf die Garage zu.

Corinna zögerte. Im nächsten Augenblick hörte sie schon Marks Stimme. „Ach, du bist das? Wie kommst du denn hierher – mitten in der Nacht?" Es klang sehr erstaunt.

Sie lief zu Mark hinüber. Mitten im Mondschein sah sie eine zierliche Gestalt stehen. Wie eine nur halb wirkliche Traumerscheinung hob sie sich kaum von der hellen Mauer ab, an die sie sich lehnte. Erst als Corinna nahe herankam, sah sie, daß es Sabina war. In einen langen, himmelblauen Bademantel gehüllt, kleine blaue Pantöffelchen an den Füßen, stand sie da auf dem nächtlichen Hof und lächelte, anscheinend ganz unbefangen.

„Kein Geist, sondern bloß ich", bemerkte sie beruhigend.

„Aber – was machst du denn hier?"

„Ich wollte euch ein bißchen besuchen. Mal gucken, ob ihr schon schlaft."

„Schon ist gut. Es ist bald zwei Uhr!"

„Ihr schlaft aber sichtlich noch nicht."

„Du bist wohl zwischen den Zelten herumgekrochen und hast gehorcht, wie?" fragte Mark.

„Unsinn! Ich komme ja eben erst."

„Du warst dicht hinterm Zelt. Dann bist du davongerannt."

„Ich war gerade um die Ecke gekommen, da hast du zu schreien angefangen. Da habe ich einen Schreck gekriegt." Sabinas Stimme klang jetzt weinerlich.

„Geh ins Bett", sagte Corinna. „Wir empfangen nach Mitternacht keine Besucher mehr."

„Also dann – schlaft gut." Sabina lächelte, gähnte hinter vorgehaltener Hand, und sie sahen, wie sie den Weg zum Haus einschlug und verschwand.

Als Corinna und Mark zu den Zelten zurückkamen, steckte Finny den zerzausten Kopf aus dem Mädchenzelt. „Was war denn los?"

„Sabina wollte uns einen nächtlichen Besuch abstatten."

„Verrückt seid's ihr alle miteinander." Auch Finny gähnte herzhaft. „'s wär gescheiter, ihr würdet schlafen gehen. Spät genug ist's dazu."

„Was mag Sabina nur gewollt haben?" überlegte Mark. „Bestimmt hat sie gehorcht! Die ist ja so neugierig wie ..."

„Viel kann sie nicht gehört haben. Wir hätten's gemerkt, wenn sie schon länger da herumgeschlichen wäre."

Corinna kroch ins Zelt und streckte sich neben Finny aus.

„Bist du noch böse?" fragte sie. „Ich bin jetzt ganz vernünftig!"

„Das wäre ein Segen. Also schlaf wohl, Corinna!"

Der Tod und das Mädchen

Vier Tage waren vergangen, da fuhren tatsächlich der graublaue Volkswagen und das rote Auto einträchtig die Straße von Rimini nach Ravenna zurück.

Sabina hatte die Erwartungen, die man in sie gesetzt hatte, glänzend gerechtfertigt. Zwar hatte es ein paar Tage lang so ausgesehen, als habe sie ihren Wunsch, Rimini zu verlassen, ganz und gar wieder vergessen, und kein noch so deutlicher Wink mit dem Zaunpfahl könne ihrem Gedächtnis aufhelfen. Dann aber – ganz plötzlich war die Wendung gekommen: „Ach, in Ravenna war's eben doch viel netter! Du, Onkel, ich glaube, in Marina di Ravenna sind auch die Hotels und Pensionen viel billiger als in Rimini. Weißt du, Tante Mila, du hattest doch am Strand von Marina gleich so nette Bekanntschaften gemacht. So etwas gibt's hier eigentlich gar nicht", so ging es jetzt vom frühen Morgen bis zum späten Abend.

Ja, Sabina, die auf der ganzen Reise noch nicht ein einziges Mal den Wunsch geäußert hatte, eine Kirche oder irgendeine andere Sehenswürdigkeit zu besuchen, schien plötzlich von der Sehnsucht nach Museen und Kunstwerken geradezu besessen zu sein.

„In Ravenna hätte man doch Gelegenheit, mal eine schöne Altertümersammlung zu besichtigen. Da könnte man etwas für seine Bildung tun."

Nach anderthalb Tagen war Onkel Paul mürbe, und jetzt fuhren sie also alle nach Marina di Ravenna.

In einer Pension am Strand waren telefonisch Zimmer vorbestellt worden. Corinna und ihre Kumpane aber bauten die Zelte am Rande des Campingplatzes auf und richteten sich häuslich in ihnen ein. Damit verging der erste Nachmittag wie im Flug.

Am nächsten Tag sollte dann die „Bildung" zu ihrem Recht kommen.

Onkel und Tante zogen zwar einen ruhigen Tag am Strand dem „Herumgehetze in Kirchen und Museen", wie sie es nannten, vor, aber Sabina ließ sich durch die Warnungen der „Großen": „Du wirst es bestimmt langweilig finden" nicht abschrecken. Sie bestand auf ihrem Wunsch, mitzukommen.

So fuhren sie denn ziemlich früh am Vormittag los, Finny am Steuer des roten Wagens, Sabina in der Pracht ihres rosa Batistkleides neben ihr thronend, Mark und Corinna auf dem Rücksitz. Corinna trug ihr grün-weißes Kleid. Konstantin baumelte von ihrer Schulter, und natürlich hatte die Amaryllis auch wieder mitgemußt.

Sie hatten beschlossen, zuerst nochmals die Kirche San Vitale und das Grabmal der römischen Kaiserin Galla Placidia zu besichtigen. Bei ihrem ersten Besuch hatten sie zu wenig Zeit zu genauer Betrachtung dieser Hauptsehenswürdigkeiten Ravennas gehabt.

„So etwas Herrliches wie das Grabmal, das findet man nicht so bald wieder – da sollte man eigentlich Stunden verbringen", erklärte Corinna.

„Stunden?" Sabina drehte den Kopf zu ihr zurück. „Willst du dich nicht lieber gleich dort einsargen lassen?"

„Gar kein schlechter Gedanke." Corinna seufzte schwer und lehnte den Kopf gegen die Wagenscheibe.

„Todessehnsüchte, Corinna?" fragte Finerl vom Steuer her.

Aber Corinna antwortete nicht. Der Wagen fuhr schon durch die Straßen der Stadt. Corinna erkannte die Gasse wieder – jetzt mußte gleich der Palazzo der Signora Torrini auftauchen.

Da war er – Corinna spähte zu den Fenstern empor, die alle dicht mit Läden verschlossen waren.

Auch Finny fuhr unwillkürlich langsamer und drehte den Kopf nach dem alten Haus.

„Was gibt's denn da zu sehen?" fragte Sabina neugierig.

„Ach, nichts Wichtiges. Bloß das Haus, in dem wir übernachtet haben, als wir das erste Mal hier waren", antwortete Finny.

Gleich darauf erreichten sie die Kirche von San Vitale. Finny parkte den Wagen im Schatten eines Hauses. Sie krochen alle heraus und sahen sich um. Ein Gitterzaun schloß die uralten Gebäude der Kirche und des Grabmals gegen die Straße ab. Aus bräunlichen Backsteinen errichtet, wirkten die Bauten merkwürdigerweise durchaus nicht so alt, wie sie waren.

Sabina fand sogar, der berühmte Achteckbau der Kirche sähe wie „'ne altmodische Schule" aus. Und für das Mausoleum hatte sie nur eine verächtliche Handbewegung. „Was? Das elende Spritzenhäuschen da soll dein herrliches Grabmal sein, Corinna? Na, wenn ich eine römische Kaiserin gewesen wäre, hätte ich mir aber etwas Besseres bauen lassen, das weiß ich gewiß."

„Warte, bis du das Spritzenhäuschen von innen gesehen hast", mahnte Finny.

Sie besichtigten zuerst die Kirche und standen bewundernd vor den feierlichen Gestalten des Kaisers Justinian und der Kaiserin Theodora mit ihren Herren und Damen, die sich in wundervoll farbigen Mosaikdarstellungen an den Wänden aufreckten.

Nur Sabina hatte wieder allerlei auszusetzen: „Also wenn *ich* eine Kaiserin gewesen wäre, hätte ich mir ja nicht eine solch unförmige Haube auf den Kopf setzen lassen." Und als man dann zum Grabmal weitergehen wollte, gab sie zu verstehen: „Ach, eigentlich ist das doch langweilig."

„Wir haben dir's ja gesagt!"

„Ihr habt recht gehabt – ausnahmsweise." Sabina weigerte sich, das Innere des „Spritzenhäuschens" zu betrachten. „Ich geh lieber ein bißchen auf die Straße hinaus – wir können uns ja nachher wieder treffen. Wo wolltet ihr danach hingehen?"

„In das Museum im Erzbischöflichen Palast, und dann zum Grabmal des Gotenkönigs Theoderich."

„Ach je, schon wieder ein Grab! Na ja, vielleicht komm ich dann dorthin."

„Aber verlauf dich nicht, Sabina! In einer fremden Stadt . . .!"

„Ich? Pah!" Sabina hatte für eine derartige Warnung nur einen

Laut der Verachtung. Es gelang Finny nicht, sie zurückzuhalten. Schon tänzelte sie dem Ausgang zu.

„Laß sie nur! Der geschieht nichts, die findet sich überall zurecht", sagte Corinna.

Das Innere des von außen so schlicht erscheinenden Grabmals begeisterte die drei Freunde wieder ebenso wie beim ersten Besuch. Hatte man sich einmal an die seltsam farbige Dämmerung, die in dem engen Raum herrschte, gewöhnt, tauchte die Pracht der mattbunten Mosaikbilder überall aus Nischen und Gewölben hervor. Die schmalen Fensterluken waren mit Platten aus dünngeschliffenem, rötlich schimmerndem Alabaster verschlossen. Mit orangegelbem Schein drang das Sonnenlicht hindurch und gab dem Raum im Verein mit dem starken Blau des Mosaikhimmels in der Kuppel eine geradezu märchenhafte Farbigkeit.

Betrüblich war nur, daß sich ganze Scharen von Besuchern mit ihnen hier drängten, die in englischen, deutschen und französischen Lauten durcheinanderredeten, sich vom Aufseher die Bilder erklären ließen und mit Taschenlampen die Wände ableuchteten.

„Wenn die bloß alle abhauen wollten!" seufzte Corinna inbrünstig.

„Da kannst lang warten! 's kommen immer wieder neue. Also ich hab jetzt g'nug von dem Gedrücke. Kommt ihr mit?" fragte Finny.

Mark war sofort bereit. Aber Corinna schüttelte störrisch den Kopf. „Nein, ich bleibe, bis sie alle weg sind!" Kein Zureden half.

„Seid's ihr eine bockige Familie!" sagte Finny ärgerlich. „Weißt, Corinna, wenn du wirklich vorhast, Stunden da herinnen zu verbringen, dann wollen wir uns lieber trennen und erst im erzbischöflichen Palast wieder treffen. Was meinst? Du hast ja einen Stadtplan, oder nicht?"

Corinna atmete auf, als Finny und Mark hinter dem Türvorhang verschwunden waren. Sie hatte in den letzten Tagen ein ihr selbst verwunderliches Verlangen nach Alleinsein in sich entdeckt. Freilich – man konnte das hier nicht gerade als Einsamkeit bezeichnen, dies Sichherumdrücken mit den vielen Menschen in der Dämmerung des engen Grabmals. Aber man brauchte doch wenigstens mit niemandem zu sprechen, niemand kannte und beachtete einen.

Sie drängte sich in den Winkel neben einen der drei mächtigen

Steinsarkophage, die hier standen. Ob es dieser war, der die sterblichen Überreste der Kaiserin barg? Wie es wohl sein mochte, wenn man tot in solch einem steinernen Kasten lag?

Aber nein, im Grunde war es doch besser, keine tote Kaiserin zu sein, sondern eine lebendige Corinna, die die Hoffnung, daß sich noch alles zum Guten wenden werde, eben doch nicht ganz aufzugeben brauchte.

Währenddessen wanderten Finny und Mark die Straße entlang, die zum Palazzo der Signora Torrini führte.

„Hör, Mark", sagte Finny, „ich muß mit dir reden. Man hat ja fast nie eine Gelegenheit, sich allein zu sprechen. Also kurz gesagt: die Corinna gefällt mir nicht."

„Wieso?"

„Ist dir's nicht aufgefallen, daß sie in den letzten Tagen nicht mehr so frisch ausschaut wie vorher, daß sie verhältnismäßig schweigsam ist und sich von uns zurückzieht? Sie gibt sich zwar Mühe, vergnügt zu scheinen, aber – ich hab sie schon zweimal in der Nacht weinen hören."

„Tatsächlich?"

„Ja. Und deshalb sag' ich dir, Mark: So geht das nicht! Die Corinna dreht die sonderbare G'schicht und alles, was ihr der Sepp blöderweis an den Kopf geworfen hat, immer in ihren Gedanken um und um. Sie kann's nicht loskriegen, und das ist zu verstehen. Wir müssen da irgend etwas tun. Die G'schicht darf einfach nicht so in der Luft hängenbleiben."

„Ich möchte selbst gern wissen, wie sie eigentlich zusammenhängt", stieß Mark hervor, „aber – ich habe halt gedacht, es ist für Corinna nicht gut ..."

„Es ist noch schlimmer für sie, wenn sie nicht Bescheid weiß. Ich muß dir etwas gestehen, Mark. Der Sepp hat mir mal gesagt, wo er in Rimini wohnt. Ein kleiner Gasthof ist das. Da bin ich hingegangen – vorgestern, als wir noch in Rimini waren, und habe mich nach ihm erkundigt. Da haben s' mir gesagt, daß er nach Ravenna abgereist sei. Und jetzt möcht ich zur Signora Torrini gehen, schauen, ob er daheim ist, und ein Wörtl mit ihm reden."

„Aber ..."

„Geh mit, Mark, komm! 's ist das Gescheiteste, glaub' mir, wir zwei reden einmal in aller Ruhe und Vernunft mit dem Burschen. Dann muß alles in Ordnung kommen.“

„Da ist Sabina“, sagte Mark plötzlich.

Ja, da kam ihnen auf der anderen Straßenseite ein rosafarbener Rock entgegen. Sabina winkte herüber. „Wo ist Corinna?“

„Noch im Grab der Kaiserin.“

„Aha. Und ihr geht schon ins Museum? Wir treffen uns dann alle beim Theoderich, wie?“

„Na gut. Aber findest du den Weg? Das ist außerhalb der Stadt.“

„Keine Sorge.“ Sabina winkte mit einem Finger. „Also bis nachher und viel Vergnügen!“ Und leichtfüßig tänzelte sie weiter.

„Können wir die Kleine wirklich so laufen lassen?“fragte Finny etwas besorgt.

Aber Mark sagte das gleiche wie Corinna: „Die ist wie eine Katze, die immer auf ihre Füße fällt. Der Corinna muß man manchmal helfen, ihr nicht. Übrigens können wir sie da, wo wir hingehen, ja doch nicht brauchen!“

Als Corinna das Grabmal der Kaiserin verließ, traf sie auf Sabina, die am Ausgangstor auf sie wartete. „Du – ich soll dir einen Gruß von Finny und Mark bestellen. Sie sind schon zum sogenannten Mausoleo di Teodorico gegangen. Du sollst sofort nachkommen!“

Corinna sah verwundert aus. „So – sie wollten aber doch . . .“

„Zum Erzbischof, ja. Aber sie haben sich's anders überlegt. Sie können von Gräbern nicht genug bekommen, wie es scheint.“

Corinna warf einen Blick auf den roten Wagen, der noch friedlich im Mauerschatten parkte. „Warum haben sie nicht den Wagen genommen?“

„Sie wollten lieber zu Fuß laufen. Bewegung bringt das Blut durcheinander und so.“

„Wo willst denn du hin?“

„Weiß noch nicht. Soll ich dich begleiten, damit du den Weg findest?“

„Unsinn. Den weiß ich besser als du. Ich habe ja den Stadtplan.“

„Ach so. Na, dann alles Gute! A rivederci, sorella mia!“ Sabina winkte und stelzte davon. Nach einigen Schritten wandte sie sich nochmals um: „Aber du mußt sofort zum Theoderich gehen! Die zwei erwarten dich. Wenn du nicht kommst, regen sie sich auf.“

„Ach je, ach je, welch rührende Besorgnis!" Corinna vergewisserte sich an Hand ihres Plans, welchen Weg sie zu nehmen hatte. Dann ging sie los.

Eigentlich war sie froh, daß Sabina sich ihr nicht anschloß. Am liebsten hätte sie ja den ganzen Tag über allein diese Straßen und Gassen durchstreift, oder wäre irgendwohin – weit aus der Stadt hinausgewandert, hätte sich unter einen Baum gesetzt, Flöte geblasen und ihren eigenen Gedanken nachgehangen. Aber wenn Finny und Mark sie so dringend erwarteten, durfte sie sie natürlich nicht enttäuschen.

Immer diese Besorgnis um mich! – dachte Corinna ärgerlich –, als ob ich ein kleines Kind wäre! Sabina lassen sie laufen, wohin sie will, aber ich muß, wie es scheint, immer am Gängelband geführt werden.

Corinna seufzte. Immerhin hatte sie Mark versprochen, sich seiner Vernunft zu fügen. Sie hatte ihr Versprechen ehrlich gehalten, sie wollte es auch weiterhin tun. Außerdem lockte sie das Grabmal des großen Gotenkönigs – ‚der in unseren Sagen Dietrich von Bern heißt', hatte Sepp Kahlenberg gesagt.

Sepp! Sie wollte doch nicht wieder an ihn denken! Aber hier in Ravenna schien jede Straßenecke eine Erinnerung zu wecken ...

Corinna fand den Weg, ohne nur einmal fragen zu müssen. Durch ein Tor gelangte sie aus der Stadt und auf eine große Autostraße, die auf einer Brücke die Bahngeleise überquerte. Bald tauchte in der Ferne die Kuppel des Grabmals auf. So sehr weit war der Weg eigentlich nicht. Nur brannte die Sonne hier draußen auf der schattenlosen Landstraße wieder so kräftig, daß es fast war, als wolle sie die ganze Welt in Flammen setzen. Der Wind, der sonst in der Nähe des Meeres immer einen frischen Luftzug mitbrachte, schien heute gänzlich einzuschlafen. Fern über der flachen, hitzeglühenden Landschaft ragte so etwas wie eine bläulichgraue Wand über den Horizont empor. Dunst oder Wolken? Ein Gewitter vielleicht gar?

Regen wäre ein Labsal – dachte Corinna. Die Hitze ist kaum auszuhalten. Aber in Italien regnet es ja nie!

Sie hatte wieder ihr Taschentuch über den Kopf gebunden und schleppte sich matt vor Hitze die Straße entlang. Unaufhörlich sausten Autos an ihr vorüber.

Ich begreife nicht, warum Finny und Mark nicht mit dem Wagen hier herausgefahren sind – dachte sie stöhnend. Eigentlich hätten sie auch auf mich warten können! Es ist wirklich eine Zumutung, einen in dieser Glut durch die Gegend trotten zu lassen.

Da tauchte zur Linken ein Zypressengarten auf, der zu dem Grabmal zu gehören schien. Aufatmend bog Corinna von der Straße ab und lief ein paar Stufen hinunter zu einem Gittertor, das sie aber verschlossen fand.

Die Zypressen bildeten eine Allee, die auf den Kuppelbau zuführte. Es war ähnlich wie in San Quirino. Auch hier lag wieder die Stille und Glut des Mittags wie eine Verzauberung über den strengen, feierlichen Baumgestalten. Hinter den Bäumen ragte das Grabmal auf, wuchtig und kraftvoll wirkend mit seinem pfeilergetragenen Unterbau und der flachen Kuppel, die durch seltsame henkelartige Steinverzierungen gegliedert war.

Leider schien es aber auch dort von Besuchern zu wimmeln. Sie quollen in bunten Scharen aus der Mitteltür des Oberbaus und liefen auf der Terrasse rings um das Bauwerk herum.

Corinna kehrte auf die Straße zurück. Beim nächsten Eingangstor hatte sie mehr Glück. Eine Frau öffnete es gerade, um einen Strom von Touristen herauszulassen.

An den letzten Nachzüglern vorbei drängte sich Corinna durch das Tor. Die Frau machte ein wenig erfreutes Gesicht und blickte bedeutungsvoll auf ihre Uhr. Vielleicht pflegte sie über Mittag keine Besucher einzulassen. Aber als Corinna eine Hundertlirenote aus ihrem Beutel gewühlt und der Frau in die Hand gedrückt hatte, wies diese auf eine Treppe, die an der Rückseite des Grabmals zum Oberstock hinaufführte, schloß dann das Tor sorgfältig ab und schlurfte, ohne sich weiter um Corinna zu kümmern, davon.

Corinna stieg die Treppe empor. Die schmale, durch ein niedriges Geländer gesicherte Terrasse, die sie betrat, führte rund um den Oberbau herum. Ein paar Augenblicke lang stand Corinna an der Brüstung und sah auf den halbvertrockneten Rasen des Gartens hinab. Alles ringsum, das alte Bauwerk ebenso wie die Zypressenallee, lag in fast unheimlicher, regungsloser Stille unter der Sonnenglut. Corinna schien die einzige lebende Seele in dieser Einsamkeit zu sein.

Sonderbar! Wo mochten Mark und Finny nur stecken? Sie mußten hier irgendwo sein; wenn sie schon weggegangen wären, hätte sie sie doch beim Tor oder auf dem Wege sehen müssen.

Oder waren sie am Ende noch gar nicht angelangt? Vielleicht hatten sie einen anderen Weg genommen? Oder waren sie doch drinnen im Innern des Grabmals?

Schnell trat sie durch die offene Tür in den Kuppelraum ein. Es war kühl und dämmrig hier, nur durch ein paar schmale Luken nahe der Decke drangen helle Strahlen und spielten an den grauen Wänden und über den Steinboden hin. In der Mitte des Raumes stand einsam eine große offene Wanne aus dunkelglänzendem Stein. Corinna näherte sich ihr etwas scheu. Der Sarkophag? Er hatte keinen Deckel und war leer.

Sie zögerte. Auch hier keine Spur von Finny und Mark! Sollte sie die Aufseherin nach ihnen fragen?

Vor der Tür stand die mörderische Glut der Sonne wie eine flimmernde Wand. Hier drinnen war es so schön kühl . . . Sie nahm das Tuch vom Haar und wischte sich über die feuchte Stirn. Aus dem Rand des Sarkophags war ein Stück herausgebrochen, die Stelle wirkte wie ein steinerner Sitz. Ach was, sie werden schon kommen, dachte Corinna, während sie sich niedersetzte. Ich ruhe mich jetzt erst mal eine Weile aus.

Die Dämmerkühle tat ihr wohl. Langsam ließ sie ihre Augen durch den Raum wandern. Über ihr wölbte sich die Kuppel. Aus einem einzigen riesigen Stein sollte sie bestehen, sie hatte das einmal gelesen. Hier also war einst der Leichnam des großen Gotenkönigs, der in Italien, fern seiner germanischen Heimat, ein Reich aufgerichtet hatte, in goldstrahlender Rüstung beigesetzt worden!

Wohin Leichnam und Rüstung wohl verschwunden sein mochten? Nur dieser leere Sarkophag war zurückgeblieben. Er sah eigentlich einer riesigen Badewanne ähnlicher als einer Grabtruhe.

Dort waren sogar Henkel aus dem Stein herausgemeißelt! Corinnas Augen glitten über den glänzenden dunkelroten Stein – Porphyr nannte man das wohl . . .

Welche Stille! Das ferne Gackern eines Huhns hatte geradezu etwas Beruhigendes an sich. Man hätte sich sonst in dieser Totenruhe fast fürchten können.

Ein Gedanke tauchte in ihr auf. Hier war sie, die sooft ersehnte Einsamkeit! Hier schwieg endlich einmal der laute Betrieb des modernen Italien! Hier würde sie flöten können! Hierher, wenn irgendwohin, würde der zarte Klang der Flöte Amaryllis passen – sie würde wie die Hirtenflöte klingen, die der bocksfüßige Pan auf alten Bildern zu blasen pflegte. Corinna erinnerte sich an ein solches Bild; in einem der Prachtbände, die aus Mutters Familie stammten, hatte sie es als Kind oft gesehen. Der junge Pan, bekränzt und ziegenfüßig zwischen altem Gemäuer und hochaufragenden Zypressen stehend, blies in der Mittagseinsamkeit auf einem seltsam geformten Instrument.

In solch einer verlassenen Welt sitze ich jetzt –, dachte Corinna. Alles ist da, die südliche Sonne, die Zypressen und das graue Gemäuer! Nun brauche ich nur noch zu blasen!

Wenn Mark und Finny kommen, hören sie gleich, wo sie mich finden können.

Sie packte die Flöte aus und setzte sie an den Mund. Zuerst versuchte sie sich in ein paar Läufen, die Tonleiter hinauf und hinunter. Dann folgten hüpfende Kapriolen – ein Satz aus einer Sonate von Telemann.

Aber sie brach wieder ab. Diese zwitschernde Heiterkeit paßte nicht in ein Grab. Zögernd begann sie eine andere Melodie.

„Wie fände Liebe der Worte genug,
zu preisen dich mit jedem Atemzug,
meins Herzens Lieb?
Nur für dich will ich leben,
nur dir mein Herz zu eigen geben,
das immer stumm dein Bildnis in sich trug."

Während Corinna blies, überfiel sie mit unbezwingbarer Deutlichkeit die Erinnerung an jenen Abend im Palazzo. Sie hörte wieder die dunkle Unterstimme, die zart, aber rein und sicher die Melodie begleitete und das Gespinst der Töne erst zu einem Ganzen von wundersamer Vollkommenheit machte. Wie gut haben wir uns da verstanden! – dachte sie. Es ist doch nicht möglich, daß wir uns auf die Dauer mißverstehen können. Wir müßten nur miteinander sprechen. Mark will es nicht. Ist es wirklich so, daß ich wählen muß zwischen der altvertrauten Kameradschaft mit Mark und jenem sonderbaren Neuen, das mich jetzt so traurig macht, das aber sehr schön sein könnte, wenn – ja wenn . . .

Sie hatte, tief in ihre Gedanken versponnen, die Melodie wieder von vorn begonnen. Da aber war es ihr auf einmal, als sei der Raum dunkler geworden. Sie hob den Kopf und sah in der Türöffnung eine Gestalt stehen. Jemand blickte herein – es war weder Mark noch Finny, eine sehr große Männergestalt – schwarz ragte sie vor der Helle draußen auf. Das Gesicht war fast nicht zu unterscheiden, dennoch erkannte sie es, und ein eisiger Schrecken durchfuhr sie so lähmend, daß sie regungslos, die Flöte in der halb erhobenen Hand, sitzen blieb.

Jetzt bewegte sich die Gestalt und tat einen Schritt in den Raum herein. Das langnasige, schmallippige Gesicht war nun deutlich zu erkennen, auch die Augen, die auf Corinna gerichtet waren.

Corinna hatte sagen hören, daß es Schlangen gebe, deren Blick ein Kaninchen so zu bannen vermöge, daß es sich nicht von der Stelle rühren könne. So war ihr jetzt zumute. Der, böse Blick! fuhr es ihr durch den Kopf. Es ist bestimmt das, was man den bösen Blick nennt! Wie kommt er nur hierher? Ich habe doch alles getan, was die anderen wollten; ich habe nicht über die Mauer geschaut, bin ihm aus dem Weg gegangen. Und nun steht er hier! Wenn er noch einmal eine zufällige Begegnung für Absicht nehmen sollte! . . . Mein Gott, es ist ja eine zufällige Begegnung, aber er wird es mir nicht glauben.

Der Mann trat noch einen Schritt näher. ,,Warum Sie hier?" fragte er scharf – es war der Ton eines Untersuchungsrichters, der einen Verbrecher verhört.

Dieser Ton weckte etwas wie Trotz in Corinna. ,,Ich spiele hier Flöte . . .", murmelte sie, den Kopf zurückwerfend.

,,Warum Sie immer da, wo ich bin?"

Nun sprang Corinna auf. Mit zitternden Händen raffte sie ihre

Sachen zusammen. Der unheimliche Mensch stand gerade vor der Ausgangstür. Wie sollte sie nur hinausgelangen? Sie nahm all ihren Mut zusammen und ging auf ihn zu. „Bitte, lassen Sie mich vorbei!" flüsterte sie fast tonlos.

Er trat wirklich zur Seite und ließ sie vorüber. Aufatmend lief sie aus der Tür.

Draußen herrschte jetzt eine merkwürdig fahle Beleuchtung. Die aufsteigende Dunstwand hatte die Sonne verschluckt. Kein Windhauch regte sich, und die Luft war zum Ersticken heiß und dumpf.

Corinna hatte noch keine drei Schritte getan, als sie sich hart am Arm ergriffen fühlte. Sie schrie leise auf und versuchte, sich zu befreien. Aber Sandro Barghelli hielt sie mit eisernem Griff fest. „Sie nicht fortlaufen! Sie sagen, warum Sie kommen hierher! Sie jetzt sagen!"

Sie drängte sich gegen die Mauer. Dabei konnte sie die Augen nicht von dem blassen, herrischen Gesicht abwenden, das sie so böse anstarrte. „Ich Sie nicht lassen gehen, o nein! Sie erst sagen, warum Sie immer spionieren! Warum? Wer Ihnen sagen, daß Sie sollen tun? Hören Sie! Wer?" Sie zitterte am ganzen Körper. Ihr Mund war wie ausgetrocknet – sie konnte kein Wort hervorbringen, obwohl sie sich darum mühte.

Was würde er tun? Die Terrasse war so schmal, das Gitter so niedrig. Wenn er sie hinunterstieße!

Aber was war das? Näherten sich da nicht Schritte? Aufdringlich war das Klappern von Absätzen auf dem Steinpflaster zu hören. Unwillkürlich lockerte Sandro Barghelli seinen Griff, und Corinna konnte seine Hand abschütteln. Dann starrte sie ganz verwirrt auf die kleine Gestalt, die da geruhsam um die Mauerbiegung herum kam. Der rosafarbene Rock wippte ein wenig, ein weißes Täschchen baumelte am zierlich abgewinkelten Arm, das matte Gewitterlicht glänzte auf dem glattgebürsteten Haar. Wie kam Sabina jetzt – ausgerechnet jetzt – hierher? Das konnte doch gar nicht Wirklichkeit sein . . .

Aber nein, sie träumte nicht. Leibhaftig und munter klapperte Sabina über die Terrasse heran und trat zu den beiden, die ihr verblüfft entgegensahen.

„Ach, du bist hier!" stellte sie ruhig fest und neigte dann mit unnachahmlicher Damenhaftigkeit das glatte Köpfchen in Sandro Barghellis Richtung. „Buon giorno", sagte sie freundlich.

Der Maler hatte die Augenbrauen zusammengezogen. Die Unterbrechung schien ihn zu verwirren. „Sie wünschen?" fragte er schroff.

Sabina legte den Kopf auf die Seite. „Mein Name ist Sabina Montanus", stellte sie sich formvollendet vor. „Und dies ist meine Schwester – sorella mia", setzte sie noch auf Italienisch hinzu.

„Schwester?" Die Miene des Malers versteinte wieder. „Bitte, kleine Signorina, Sie gehen! Ich reden mit Schwester." Das klang scharf und bestimmt.

Aber Sabina ließ sich nicht einschüchtern. Sie legte zur Abwechslung den Kopf auf die andere Seite. „Sind Sie etwa böse auf meine Schwester?" fragte sie sanft verwundert.

Er nickte. „Sehr böse", gab er unumwunden zu.

„O wie schade!" Sabina zuckte bedauernd die Schultern. „Es handelt sich ja vermutlich nur um ein Mißverständnis. Man könnte es sicher aufklären."

„Ich will aufklären. Darum ich fragen Swester", rief der Maler heftig. „Aber sie nicht antworten – sie haben slechte Gewissen – darum haben Angst."

„Nein, ich habe gar kein schlechtes Gewissen!" Endlich fand Corinna die Sprache wieder. Doch sie spürte, daß sie noch immer zitterte.

„Sie hat Angst, weil Sie so böse mit ihr sprechen", erklärte Sabina freundlich. Sie zeigte wieder ihr sanftes Lächeln. „Ich habe eigentlich gedacht, die italienischen Männer seien Kavaliere. Aber vielleicht sind sie's doch nicht immer?"

Der Vorwurf schien erstaunlicherweise Eindruck zu machen. Er fuhr sich mit der langen, schmalen Hand durchs Haar. „Man kann nicht immer Kavalier sein, nicht immer", rief er erregt aus. „Einmal reißt Geduld – dann man muß böse werden, Sie verstehen? Ihr Swester mich verfolgen – sie Spion!"

„Nein, das ist nicht wahr. Ich bin kein Spion." Corinna hatte jetzt Tränen der Erregung in den Augen. „Ich bin hergekommen, um meinen Bruder und meine Freundin zu treffen. Ich habe gar nicht gewußt, daß Sie hier sind. Ich will überhaupt nichts von Ihnen!"

,,Sie hören: sie will gar nichts von Ihnen!'' Sabina sah den Maler eindringlich an.

,,Ihr Swester lügen!''

,,O nein.'' Jetzt schüttelte Sabina überzeugt den Kopf. ,,Corinna kann nicht lügen, wissen Sie! Sie kann auch nicht spionieren. Zu so etwas ist sie viel zu dumm.''

,,Hör mal!'' wollte Corinna unterbrechen.

Doch Sabina wandte sich ausschließlich an den Maler. ,,Meine Schwester ist leider oft ein wenig dumm und ungeschickt'', fuhr sie fort, ,,daher kommt alles – das ganze Mißverständnis. Sie können mir das ruhig glauben, Signor Barghelli.''

,,Sie mich kennen?''

,,Aber natürlich!'' Sabina strahlte ihn an. ,,Sie sind doch der berühmte Maler – kürzlich haben Sie eine Ausstellung in Rimini gehabt – lauter so wunderschöne Bilder. Sie gehören zu den sogenannten Surrealisten, soviel ich weiß'', schloß sie mit überlegener Gewandtheit.

Nun sah es doch fast so aus, als müsse er ein Lächeln verbeißen. ,,Sie gut unterrichtet'', stellte er, viel freundlicher geworden, fest.

,,Natürlich'', wiederholte Sabina, ,,eine Menge Leute haben mir schon von Ihnen erzählt.''

,,Oh!'' Aufs neue verschwand jede Spur eines Lächelns aus seinem Gesicht. ,,Oh, ich wissen, was sie erzählen! Sie sagen, ich haben ermordet mein Frau und viele andere Menschen, ich nicht wissen, wieviele. Sie sagen, ich böse Mensch, und darum alle Welt sich fürchten vor mir. Sie sich nicht fürchten, Signorina?'' Er sah sie scharf an.

Sabina schüttelte den Kopf. Ihr Lächeln wurde noch strahlender. ,,Ich finde Sie eigentlich sehr nett'', sagte ihre helle Stimme in fast schwärmerisch überzeugtem Ton.

,,Oh!'' antwortete er nur. Dann mußte er lachen, ob er wollte oder nicht. Sie sahen, wie es in seinem Gesicht kämpfte; doch dann brach das Lachen unaufhaltsam durch.

Eigentlich sieht er jetzt wirklich nett aus, dachte Corinna erstaunt.

,,Sie sein ein liebenswürdige kleine Dame'', sagte er lachend zu Sabina.

„Und Sie sind doch ein Kavalier – wie alle Italiener. Ich habe es ja gewußt", gab Sabina zurück. Dann faßte sie sich mit einer etwas gezierten Bewegung an die Stirn. „Gräßlich heiß, nicht? Vielleicht könnten wir irgendwohin gehen, wo es kühler ist? Corinna sieht schon ganz mitgenommen aus."

Jetzt spielt sie auch noch die Besorgte, dachte Corinna. Mit seltsam geteilten Gefühlen betrachtete sie die Schwester. Konnte dieses Mädchen Theater spielen! Es war nicht das erste Mal, daß Corinna das feststellte, aber diesmal mischte sich Bewunderung in ihr Staunen. Da hatte die kleine Kröte es doch tatsächlich innerhalb von wenigen Minuten fertiggebracht, diesen gefährlichen Menschen zu zähmen. Eigentlich hatte Corinna allen Grund, ihr dankbar zu sein.

„Gehen wir in Grab – dort kühler", sagte der Maler. Er heftete plötzlich den Blick auf Corinna. „Sie wieder Flöte spielen – ich werden malen das", erklärte er unvermittelt.

Sabina wandte sich unter der Tür des Grabmals um. „Werden Sie mich auch malen?"

Er zuckte die Schultern. „Vielleicht. Zuerst ich werden machen Skizze von Mädchen, spielen Flöte in Grab. Sie sich setzen da", er wies mit plötzlichem Eifer auf den Sarkophag. „Mädchen blasen – hinter ihr stehen Tod – aus alle Ecken sehen Totenköpfe – Mädchen haben Angst, aber spielen immerfort – sehr gute Thema das."

Der Gedanke schien ihn zu begeistern. Sein Gesicht verlor alle Starrheit, es glühte jetzt geradezu vor Erregung.

Corinna betrachtete ihn staunend. Etwas scheu ließ sie sich wieder auf dem Rand des Sarkophags nieder. „Soll ich denn wirklich . . .?"

„Ja, Sie sollen! Spielen wie zuvor! Machen gleiche Gesicht!"

Corinna hob zögernd die Flöte. Sie merkte dabei, daß ihre Finger noch immer zitterten.

Auch Sandro Barghelli sah es. „Gut, gut", rief er. „Sie sollen haben Angst. Das gut. Hinter Ihnen stehen Tod, Sie begreifen?"

„Titel des Bildes: Der Tod und das Mädchen", stimmte Sabina sachkundig bei. Mit schiefgeneigtem Kopf betrachtete sie die sitzende Corinna. „Ja, kann ganz hübsch werden. Ein bißchen düster hier drinnen, aber das Licht von der Tür fällt ja gerade auf sie . . .

Soll das eigentlich der Sarg sein? Das sieht eher aus wie eine Badewanne."

„Ist auch eine", sagte da eine Stimme von der Tür her. Der Eingang verdunkelte sich wieder; jemand trat ein. „Eine antike Porphyrwanne ist das, Fräulein Sabina!"

Sepp Kahlenbergs Stimme! Wieder durchzuckte Corinna ein solcher Schrecken, daß sie wie gelähmt dasaß. Sepp! Da war er ja! Also auch er!

Sabina dagegen zeigte keinerlei Überraschung. „Aha", antwortete sie ruhig. „Aber ich muß sagen, wenn ich ein König gewesen wäre, hätte ich mich nicht gerade in einer Badewanne ..." Sie brach ab, weil niemand ihr zuhörte.

Sepp Kahlenberg war zu Corinna getreten und reichte ihr die Hand. „Fräulein Corinna? Das ist ja eine Überraschung." Völlig verwirrt sah sie zu ihm auf. „Ich bin aus Versehen hier, bestimmt! Ich habe keine Ahnung gehabt, daß – daß Herr Barghelli da ist und – und auch nicht, daß Sie ..."

„Sie können ihr ruhig glauben", bestätigte Sabina. „Sie hat wirklich keine Ahnung gehabt. Ich habe sie hergelotst, damit sie sich mal richtig mit Ihnen aussprechen kann. Finden Sie nicht auch, daß das vielleicht nötig ist?"

Sabina legte den Kopf auf die Seite. „Das mit Spion und so ist nämlich alles ein Irrtum. Corinna kann gar nicht spionieren, und Mark auch nicht. Wir sind eine grundehrliche Familie – unsere Eltern würden so etwas auch nicht fertigbringen. Corinna kann nicht einmal lügen!"

„Doch. Einmal habe ich gelogen", murmelte Corinna. „Ich sagte, wir seien nicht am Gardasee gewesen ..."

Da stand Sandro Barghelli wieder neben ihr. Mit seinem langen Zeigefinger schien er geradezu nach ihr zu stechen. „Ah! Sie waren in San Quirino?" Das kam wieder im Ton des Untersuchungsrichters.

Corinna wandte sich ihm zu. Groß, dunkel und ein bißchen hilflos sahen ihre Augen zu ihm auf. „Ja. Aber ich habe nur das Päckchen abgegeben. Wir haben gegessen und gebadet, weiter war gar nichts. Niemand hat von Ihnen gesprochen. Wir wußten nichts von Ihnen!"

Sandro Barghelli blickte sie aufmerksam an. Dann nickte er. ,,Nein, Sie nicht lügen! Ich sehen an Ihren Augen. Alles gut!" Und als Corinna nochmals ansetzen wollte, schnitt eine herrische Handbewegung jedes weitere Wort ab. ,,Wenn ich sagen, alles gut, dann alles gut, verstehen?" Dann griff er unvermittelt nach dem Papierblock, den Sepp Kahlenberg unter dem Arm trug und riß ihn mit einem kurzen Ruck an sich. ,,Ich das brauchen. Ich machen jetzt Skizze. Dauert nicht lange. Nur einige Minuten."

Aber Sepp Kahlenberg achtete gar nicht auf ihn. Er beugte sich über Corinna. ,,Wie mir scheint, habe ich mich nicht sehr geistreich benommen, Corinna. Ich muß wohl um Entschuldigung bitten."

Doch sein Freund schob ihn rücksichtslos zur Seite. ,,Später, später! Jetzt Sie spielen Flöte!" Er klappte den Skizzenblock auf, den er Sepp entrissen hatte, betrachtete kurz das aufgeschlagene Blatt, sagte ,,nicht gut" und blätterte die Seite um. Dann trat er einige Schritte zurück und zückte einen Bleistift.

,,Was soll ich spielen?" fragte Corinna, Sepp ansehend.

,,Was Sie haben gespielt zuvor", antwortete ihr Sandro Barghelli ungeduldig.

Da hob sie gehorsam die Flöte an den Mund. Zart und herb stieg die Melodie auf: ,,Wie fände Liebe der Worte genug . . ."

Sabina hatte sich in den Hintergrund zurückgezogen. Sandro Barghelli lehnte an der Mauer, hielt den Block vor sich und warf rasche Striche auf das Papier. Der Klang der Flöte war der einzige Laut im Raum.

Corinna sah über die Flöte hinweg Sepp Kahlenberg an; jetzt zitterten ihre Finger nicht mehr. Alles gut? – dachte sie, während sie weiter und weiter blies. Ja, ich glaube, jetzt ist wirklich alles gut . . .

Da grollte ein ferner Donner mitten in die schwingende Linie der Melodie hinein, und gleichzeitig verdunkelte sich abermals der Eingang der Grabkammer. Sandro Barghelli sah sich unwillig um.

Diesmal waren es zwei Gestalten, die unter der Tür standen und sprachlos vor Staunen in den Raum hereinstarrten. ,,Buon giorno, Finny und Mark", sagte Sabina freundlich. ,,Immer hereinspaziert, meine Herrschaften! Habt ihr also auch noch hergefunden?"

Über den Dächern von Venedig

Nicht lange danach gingen sie alle dem Ausgang zu. Der Himmel hatte sich ganz und gar mit einer grauen Dunstschicht bezogen, hier und da grollte ferner Donner auf.

„Werden bald haben Regen", sagte Sandro Barghelli.

„Regen – in Italien?"

„Oh – auch wir haben manchmal böse Wetter – ebenso wie böse Menschen." Der Maler lächelte bedeutungsvoll.

Sepp Kahlenberg sagte lachend etwas auf italienisch, worauf sein Freund wie empört den Kopf schüttelte. Er wies mit dem langen Zeigefinger auf Sepp. „Er sagen, ich fischen nach Komplimenten – so man sagen in Deutsch, nicht wahr? Ich nicht fischen. Ich nur böse zu meine Feinde. Ihr alle Freunde nun!" Eine große Armbewegung faßte die ganze Gesellschaft zusammen. „Ich euch alle laden ein in Ristorante Italia. Dort wir werden essen und trinken auf Freundschaft, und Mädchen mit Flöte wird vergessen Schrecken." Er lächelte der errötenden Corinna zu.

„Das ist wirklich ganz reizend von Ihnen. Vielen Dank", sagte Sabina, und alle anderen stimmten ein.

„Aber wie machen wir's mit dem Wagen?" fragte Finny sorgenvoll. „Alle krieg ich unmöglich hinein."

„Wieviele?" fragte Sandro Barghelli, den kleinen Wagen, der wartend nahe dem Tor stand, mit kritischen Blicken musternd.

„Fünf – im alleräußersten Notfall. Aber es müssen fünf Schlanke sein."

„Ich gehen zu Fuß. Meine Beine zu lang", entschied Sandro Barghelli. „Avanti!" Er schob Sabina und Corinna in den Wagen. Mit einem zweiten scharfen und ungeduldigen „Avanti!" erstickte er Sepps Widerspruch und beförderte kurzerhand auch diesen samt dem ebenfalls zögernden Mark in das Innere des roten Autos. Als alle fünf mit Ach und Krach verstaut waren, klappte er die Tür zu, grüßte mit der Hand und schlug sogleich den Weg zur Landstraße ein.

Die anderen winkten, und Finny fuhr an.

„Also ich finde ihn prima", erklärte Sabina. „Der ist nie im Leben ein Mörder!"

„Ganz gewiß nicht." Sepp Kahlenberg versuchte sich, so gut es ging, in die Ecke zu quetschen, um Corinna und Mark etwas mehr Platz zu gönnen.

„Sie müssen uns nachher die ganze Geschichte genau erklären und erzählen, Brüderl", sagte Finny. „Ich muß sagen, in meinem Kopf wirbelt noch alles durcheinander, ohne daß ich einen rechten Sinn und Verstand hineinbring. Schon allein, daß wir uns allesamt hier getroffen haben . . ."

„Daran bin ich völlig unschuldig", versicherte Sepp. „Ich sitz' schon den ganzen Morgen über friedlich dort unter den Zypressen und zeichne. Dann kam Sandro. Ich bin geschwind ins Haus des Aufsehers gegangen, um mir etwas zu trinken zu holen. Währenddessen wartete mein Freund im unteren Raum des Grabmals auf mich."

„Und da hat ihn wohl mein Flöten zu mir heraufgelockt", ergänzte Corinna. „Eigentlich hat das ja euch gegolten, Finny und Mark. Ihr seid so lange nicht gekommen!"

„Wieso? Wir haben im Erzbischöflichen Palast auf dich gewartet. Dort wolltest du doch hinkommen."

„Aber Sabina hat mir gesagt, daß ihr schon zum Theoderich-Grabmal . . ."

„Das habe ich natürlich nur so gesagt", Sabina unterbrach sie, indem sie sich lächelnd umsah. „Corinna glaubt ja alles, der ist leicht etwas weiszumachen. In Wirklichkeit wollte ich bloß, daß sie sich mit Herrn Kahlenberg mal richtig allein und in Ruhe aussprechen kann . . ."

Sepp lachte, aber Mark und Finny fuhren gleichzeitig auf Sabina los. „Ja, woher hast du denn gewußt . . .?"

„Ihr habt mir doch das Haus gezeigt, in dem ihr damals übernachtet habt. Da wußte ich Bescheid, bin eben mal ein bißchen vorbeigegangen und habe nach Signor Kahlenberg gefragt."

„Was? Du auch?"

„Ihr etwa auch? Lieber Himmel, so viele Leute, die um Corinna besorgt sind!"

„Ja, hast du denn gewußt, daß Herr Kahlenberg nicht mehr in Rimini, sondern hier ist?" fragte Mark.

Sabina zuckte überlegen die Schultern. „Natürlich habe ich das gewußt. So etwas bleibt in einer Kleinstadt nicht verborgen. Giorgio hat mir erzählt, daß der böse Signor Barghelli und sein Freund – il biondo, hat er gesagt – nach Ravenna abgereist seien. Da habe ich ein bißchen Dampf dahintergesetzt, damit wir ebenfalls hierher kamen. Also seid ihr auch auf dem Weg zu ihm gewesen, als wir uns trafen? Da hat euch wohl die alte Tante dasselbe klargemacht wie mir?"

„Daß der Signor Kahlenberg beim Mausoleo di Teodorico zu finden sei. Sind wir also allesamt dem Sepp nachgelaufen! Ein g'suchter Mann sind S' heut g'wesen, Brüderl, das muß man schon sagen." Finny zwinkerte Sepp durch den Rückspiegel zu. „Aber nicht um Ihrer schönen Augen willen, bilden S' Ihnen das bloß nicht ein, sondern nur wegen der Aufklärungen, die nun einmal dringend fällig waren."

„Ich bin aber niemand nachgelaufen", erklärte Corinna mit Nachdruck. „Ich bin – als einzige, wie's scheint – ganz harmlos und ahnungslos hierhergewandert."

„Ja." Sabina kicherte. „Und ich bin immer schön in einem gewissen Abstand hinter dir dreinmarschiert. Und umgeguckt hast du dich natürlich kein einziges Mal. Aber als ich dann an das Tor kam, war es zu, und das nächste auch. Da bin ich hinten um das Grundstück herumgegangen. Da war auch ein Tor, ein ganz hohes, mit eisernen Spitzen obendrauf. Aber da hab ich auf einmal drinnen den Herrn Barghelli die Treppe hinaufgehen sehen und ferne Blockflötentöne waren auch zu hören. Da hab ich gedacht: Jetzt wird's brenzlig, da muß ich auch dabei sein! Und dann bin ich eben in Gottes Namen über das hohe Tor geklettert. Es blieb mir leider nichts anderes übrig."

„Was? Du mit deinen guten Schuhen und deinem schönen Kleid?"

„Die Schuhe hab ich ausgezogen und unter dem Gitter hindurchgeschoben. Und mit meinem Rock hab ich mich natürlich sehr in acht nehmen müssen. Es ist aber kein Riß hineingekommen." Sabina zupfte stolz an ihrem rosafarbenen Röckchen.

,,Sieh mal einer an! Die Sabina, die nie ein Auto anhalten würde! Und dann klettert sie über ein hohes Gittertor!" neckte Sepp lachend.

,,Was tut man nicht alles für seine Schwester?" Sabina blickte sich nach Sepp um. ,,Aber woher kennen Sie mich eigentlich schon so gut? Sie haben gleich Fräulein Sabina zu mir gesagt."

,,Corinna hat mir eben allerlei von Ihnen erzählt, und im Strandpavillon in Rimini haben wir uns ja auch gesehen. Jetzt links einbiegen, Finerl, wir sind gleich da! Übrigens – ich darf doch wohl noch du sagen, Sabina? Eigentlich bist doch noch ein kleines Lausmäderl, oder nicht? Große Damen steigen ja selten über Gittertore!"

Mit einem Ruck setzte sich Sabina wieder zurecht. Aber nun bog sich Mark zu ihr vor. ,,Und ich möchte gern wissen, Sabina, woher du eigentlich so gut über alles unterrichtet warst. Du hast neulich nachts auf dem Hof doch gehorcht, was?"

,,Gehorcht? Nö. Ihr habt so laut geredet, da hat man ja alles hören *müssen*, ob man wollte oder nicht."

,,So? Und eine halbe Stunde oder noch länger still und steif hinterm Zelt stehen und keinen Laut von sich geben, das hat man wohl auch *müssen*, wie?"

,,Mir scheint", sagte Sepp, ,,ein Mitglied der grundehrlichen Familie Montanus versteht sich halt doch aufs Spionieren und sogar aufs . . . Stop, Finny! Da haben wir das Ristorante Italia!"

Der Himmel hing ganz dunkel über der engen Gasse. Ein erster Windstoß wirbelte Staub über das Pflaster. Sie machten, daß sie ins Haus und in die Gaststube kamen. ,,Hoffentlich kommt Herr Barghelli nicht noch in den Regen!"

,,Wollen wir auf ihn warten oder habt ihr großen Hunger?" fragte Sepp, während sie sich in einem Nebenraum des Gastzimmers niederließen, wo sie ganz für sich waren.

Zu aller Staunen schüttelte Corinna den Kopf. ,,Ich habe keinen Hunger."

Finny sah sie besorgt an. ,,Gibt's das auch? Corinna ohne Hunger?"

,,Ich möchte bloß hören und alles erfahren", sagte Corinna halblaut und sah Sepp Kahlenberg an.

„Das möchten wir alle“, ergänzte Finny. „Also – bitt schön, klären S' uns schon ein bissel auf, Sepp, solang wir auf Ihren Freund warten! Daß wir nicht anfangen zu essen, ehe unser Gastgeber da ist, das g'hört doch wohl zur Höflichkeit, ob wir nun Hunger haben oder nicht.“

„Ich kann auch besser berichten, wenn er nicht dabei ist“, stimmte Sepp Kahlenberg zu. Er wandte sich an Corinna. „Ich hätt' euch übrigens dieser Tage aufgesucht. Ich hab selber das Gefühl gehabt, daß unser letztes Gespräch eine Ergänzung nötig hatte. Ich wär' nicht einfach weggeblieben, Corinna.“ Er sagte das rasch und halblaut, dann blickte er in die Runde und in die gespannt wartenden Gesichter. „Also – über meinen Freund Sandro wollt ihr Bescheid wissen und über die Geschichte mit dem Päckchen? Mag sein, vielleicht bin ich Partei in der Sache. Das müßt ihr mir zugut halten. Sandro ist der beste Freund, den ich hab, und ich verdank ihm eine ganze Menge. Ein Jahr lang hab' ich bei ihm gelernt, zuerst, wie ein Lehrbub bei einem Meister lernt. Da hat er mir nichts geschenkt.“ Sepp lachte vor sich hin. „Ein bequemer Lehrer ist er nicht, kritisch und streng in der Arbeit. Ihr habt's ja gehört, wie er vorhin meine kleine Skizze vom Grabmal mit zwei Worten abgetan hat."

„Dürfen wir die sehen?" fragte Sabina dazwischen.

„Nein. Lieber nicht. Sie taugt wirklich nichts. Sandro hat ganz recht."

„Ich möchte sehr gern Bilder von Ihnen sehen", bat Corinna etwas zaghaft.

„Ich zeig Ihnen dann mal etwas, wenn Sie wollen – etwas von dem, was ich selber für einigermaßen gelungen halte." Sepp fuhr sich verlegen durch die Haare. „Ich bin halt immer noch Schüler und ein sehr kleiner gemessen an Sandro."

„Ihr malt also noch gegenständlich? Setzt euch hin und zeichnet die Natur ab, wie sie dasteht?" fragte Finny. „Das ist doch sonst nicht mehr Brauch bei den Herren Malern?"

„Das ist die Grundlage", antwortete Sepp ernsthaft. „Erst durch ein ganz sicheres zeichnerisches Können schafft man sich eine solide Basis für alles freie Gestalten. Sandro Barghelli würde nie etwas anderes gelten lassen. Er selber kann sehr viel, er ist ein großer Künstler. Allerdings prägt sich auch sein schwieriger Charakter in seiner Kunst aus. Ein Dutzendmensch ist er halt nicht, sehr empfindlich und sehr selbstbewußt. Widerspruch mag er nur ungern dulden."

„Ein bissel ein Tyrann, nicht wahr?" warf Finny ein.

„Nun, ganz so schlimm, wie's manchmal ausschaut, ist's damit in Wirklichkeit nicht. Im Grund ist er eigentlich ein gütiger Mensch. Aber er kann sehr zornig werden – dann kennt er sich nicht mehr und tut Dinge, die ihm nachher leid sind. Darum hab ich eben auch ein bisserl Angst um Sie gehabt, Corinna. Na, jetzt ist ja alles – Gott sei Dank – gut abgelaufen." Sepp atmete tief auf. „Also – Sandro Barghelli und ich sind während meiner Lehrzeit gute Kameraden geworden. Ich steh' in ständiger Verbindung mit ihm, auch seit ich wieder daheim in Innsbruck bin. Dort lern' ich an der städtischen Akademie weiter. Aber von Zeit zu Zeit fahr' ich wieder zu ihm nach Ravenna, laß mich kritisieren und hol mir neue Anregungen für meine Arbeit."

„Deshalb sind Sie auch diesmal hergekommen?"

„Nicht nur deshalb. Diesmal bin ich außerdem noch sozusagen als Hilfstruppe angerückt, um Sandro in seinem Kampf gegen seine zwei Kusinen, die Schwestern Barghelli, zu unterstützen."

„Aha. Jetzt kommt das Eigentliche", sagte Mark.

„Ja, jetzt kommt's! Ihr habt die beiden Schwestern ja kennengelernt, Corinna und Mark, die eine auf dem Bahnhof in Innsbruck, die andere in San Quirino. Ich weiß aber nicht, ob euch ganz klar geworden ist, was für hinterhältige Kreaturen das sind."

„Mir schon", sagte Mark.

„Um so besser. Die Sache ist so: Die beiden Schwestern Barghelli sind Halbitalienerinnen, sie haben eine österreichische Mutter und sind in der Nähe von Innsbruck geboren und aufgewachsen. Die eine, Mafalda, lebt noch dort, die Theresa dagegen betätigt sich seit einiger Zeit als Hausdame ihrer Großtante, der Contessa Grazzona am Gardasee – leider."

„Wieso leider?"

„Weil sie's nicht tut, um der alten Dame das Leben zu verschönern, sondern einzig und allein, um ihrer eigenen Habgier zu dienen. Seit Jahren haben die Schwestern versucht, sich an die alte Contessa heranzumachen."

„Vermutlich geht's um die Erbschaft?" warf Mark ein.

Sepp nickte. „Sieh einer den Mark an! Hast du das schon herausgeknobelt? Also – es stimmt. Die beiden Schwestern haben's auf das beträchtliche Vermögen und den Grundbesitz der alten Contessa abgesehen. Sie sind ihre Großnichten. Aber die alte Dame hat noch einen Neffen, der ihr, was die Verwandtschaft anbetrifft, um einen Grad näher steht als die österreichischen Damen. Außerdem hat sie ihn – merkwürdigerweise, muß man vielleicht sagen – in ihr Herz geschlossen und hat ihn deshalb zu ihrem Generalerben eingesetzt. Dieser Erbe ist Sandro. Die beiden Schwestern wissen das und lassen seit einiger Zeit kein Mittel unversucht, die alte Dame zu bewegen, daß sie ihr Testament zu ihren Gunsten ändern soll. Theresa hat natürlich die beste Gelegenheit, der Contessa in den Ohren zu liegen und den unbequemen Haupterben anzuschwärzen, soviel sie nur kann. Doch hat's offenbar bis jetzt nicht viel geholfen. Die alte Dame scheint an ihrer Vorliebe für Sandro festzuhalten. Leider ist Theresa ebenso hartnäckig. Sie hat eine regelrechte Verfolgungskampagne gegen ihn in Szene gesetzt. Seither regnet es Verleumdungen gegen ihn, und das Schlimme an der Sache ist, daß Sandros zahlreiche Feinde natürlich mit Wonne einstimmen und aus jedem Schneeball eine Lawine machen."

„Also hat er auch noch andere Feinde?"

Sepp nickte seufzend. „Mehr als genug. Seine Begabung, seine Erfolge, aber auch sein schwieriges Wesen – all das schafft ihm Gegner und Neider, das ist nicht zu vermeiden."

„Dann war das mit dem Mord an seiner Frau wohl auch bloß eine Verleumdung?" In Sabinas Stimme klang deutlich so etwas wie Bedauern mit.

„Natürlich. Ich bitt' euch herzlich, Kinder, erwähnt in Sandros Gegenwart nie etwas davon! Er hat entsetzlich unter der Geschichte gelitten, denn er hat seine junge Frau sehr, sehr gern gehabt. Es hat ihn schwer getroffen, als sie vor zwei Jahren an einem Magenleiden starb. Aber fast noch schlimmer war's für ihn, als dann das Gerücht aufkam, er habe sie vergiftet. Gegen solch ein Gewisper kann man sich ja verdammt schwer wehren, und ein Mensch wie er ist da ganz hilflos. Er hat einen Kollegen, der mit dem Gerücht hausieren ging, kurzerhand auf der Straße niedergeschlagen. Das hat die Sache natürlich nicht verbessert. Er kam vor Gericht, und sie haben ihn wegen Körperverletzung verurteilt. Sogar wegen des angeblichen Giftmordes ist er verklagt worden, doch diese Klage wurde bald wieder zurückgezogen, da sich einwandfrei herausstellte, daß von Gift oder dergleichen keine Rede sein konnte. Trotzdem hält sich das Gerücht hartnäckig weiter. Wer einmal in einen solchen Verdacht geraten ist, der hat's von da an nicht leicht. Jeder flüstert und klatscht hinter seinem Rücken, und Sandro tut mir oft leid, das kann ich euch sagen."

Ein lautes Donnerrollen begleitete Sepps letzte Worte. Im Raum war es jetzt so dunkel, daß der Wirt die Lichter andrehte.

Sabina spähte aus dem kleinen Fenster auf die Straße hinaus. „Und zu allem kommt er jetzt noch ins Gewitter."

„Hat die Theresa Barghelli auch das Gerücht mit dem Giftmord aufgebracht?" fragte Mark.

„Zuerst ist es wohl von sogenannten Freunden Sandros in Umlauf gesetzt worden, von solchen, die ihn beneideten und ihm eins auswischen wollten. Aber Theresa hat sich natürlich ein Vergnügen daraus gemacht, der Contessa die Geschichte zuzustecken. Es ist ein wahres Wunder, daß die alte Dame trotzdem Sandro mehr glaubte als allem Geschwätz. Sie hat ihm sogar geschrieben, daß sie kein Wort von der Geschichte für wahr halte. Da haben sich die Schwestern Barghelli halt auf etwas anderes besinnen müssen."

„Jetzt hieß es: Er fälscht Kunstwerke, nicht wahr?" fiel Sabina ein.

Sepp sah sie mit zusammengezogenen Brauen an. „Woher weißt du denn das schon wieder?"

„Hat mir Giorgio in Rimini erzählt."

„Da seht ihr's." Sepp seufzte aufs neue. „Aber Kinder, ich versichre euch – ich kenn Sandro Barghelli seit Jahren – er hat nie einen Menschen übervorteilt! Er ist eher zu großzügig, wenn's seinen eigenen Vorteil betrifft, als das Gegenteil."

„Wir glauben's, wir glauben's ja, Brüderl", versicherte ihm Finny beruhigend.

Er fuhr sich durch die Haare. „Die Sache liegt halt tatsächlich etwas verzwickt. Sandro hat eine unglaubliche Begabung dafür, jeden Stil, den es nur irgendwann in der Kunstgeschichte gegeben hat, nachzuahmen, und zwar so täuschend, daß selbst gewiegte Kunstkenner nur schwer herausbringen können, ob's sich um echte Schöpfungen jenes Stils und jener Zeit handelt oder um Nachahmungen. Ganz besonders liegt ihm der Stil der frühen italienischen Renaissance. Ihr habt ja die Bilder in seiner Wohnung bei Frau Torrini gesehen. Dort hängen fast ausschließlich originale Schöpfungen Sandros – sei's nun in altmeisterlichem oder modernem Stil."

„Toll!" Corinna schüttelte den Kopf. „Ich hätte wirklich darauf geschworen, daß die Bilder in dem düsteren Zimmer hinter der Galerie samt und sonders aus dem 15. Jahrhundert stammen müßten."

„Darauf würden auch die meisten anderen Leute schwören. Es ist erstaunlich, wie sich Sandro in diesen Zeitstil eingelebt hat. Man kann da schon nicht mehr von Nachahmung sprechen. Er kopiert ja auch niemals, sondern gestaltet jedes Bild ganz neu, aber aus dem Geist und Wesen jener Zeit heraus. Er bedient sich auch in allem ihrer Technik, reibt und mischt zum Beispiel seine Farben selber, und zwar ganz genau nach den Angaben, die die alten Meister hinterlassen haben."

„Das verstehe ich nicht. Warum malt er denn nicht wie ein heutiger Mensch, wo er doch einer ist?" fragte Finny verwundert.

Corinna unterbrach sie. „Ich verstehe das gut. Er gehört eben eigentlich in jene Zeit, er lebt nur aus Versehen jetzt. Darum haben wir ihn ja auch gleich den ‚Renaissancemenschen' genannt, als wir sein Bild sahen. So etwas merkt man einfach."

Sepp nickte. „Daran mag etwas sein. Ich habe selber oft gedacht, daß sich Sandro wohl eigentlich in ein verkehrtes Jahrhundert verirrt hat. Seiner ganzen Anlage nach hätt er zweifellos besser in jene Zeit gepaßt. Vielleicht fühlt er sich auch deshalb so wenig wohl in seiner Haut. Er hat Zeiten, wo er ausschließlich modern malt – jene surrealistischen Bilder, die ihn bekannt gemacht haben. Aber auch die sind mit der Technik der Renaissancekünstler gemalt –, und mir kommt's vor, als stecke in ihnen so etwas wie Heimweh nach einer Welt, die's längst nicht mehr gibt. Jedenfalls sieht man ihnen an, daß ihr Schöpfer im Grund kein glücklicher Mensch ist."

Finny nickte. „Wahrscheinlich graust mir's deswegen vor ihnen. Und vor ihm selber auch ein bissel."

„Jetzt regnet's draußen aber tüchtig", unterbrach Sabina, aus dem Fenster spähend.

„Wahrhaftig, es schüttet wie aus Kübeln."

„Erzählen Sie weiter!" drängte Mark. „Der Bildfälscherverdacht hat doch irgend etwas mit unserer Päckchengeschichte zu tun, nicht?"

„Richtig. Nachdem der Mordverdacht sich als nicht zugkräftig genug erwiesen hatte, schmiedeten die Schwestern Barghelli einen neuen Plan. Jetzt mußte die andere Verdächtigung herhalten. Sandro hat seine Bilder im alten Stil zwar nie in betrügerischer Absicht in den Handel gebracht. Aber er hat sich hier und da mit ihnen einen Scherz erlaubt, der gelegentlich hart an die Grenze des Erlaubten ging, das muß ich zugeben. Es hat ihm natürlich Spaß gemacht, wenn die Leute – bedeutende Experten darunter – zunächst mal hereinfielen und ein Bild von ihm für einen echten Botticelli oder Filippo Lippi ansahen. Weiter ist er aber nie gegangen. Doch jetzt tauchten plötzlich von allen Seiten Verdächtigungen auf. Man sagte ihm nach, er verkaufe gefälschte Werke, die er für Arbeiten alter Meister ausgebe und die ihm gewaltige Summen einbrächten. Kunsthändler bekamen anonyme Briefe, die vor diesem Fälscher warnten, und Zeitungen des In- und Auslandes brachten geheimnisvolle Andeutungen, es bahne sich ein neuer großer Kunstfälscherskandal an. Sandro hat mir von all dem geschrieben und mich gebeten, ein Auge auf seine Kusine Mafalda zu haben, die ja in Innsbruck lebt, wie ich selber. Vermutlich habe auch sie, wie ihre jüngere Schwester Theresa, die Hand mit im Spiel. Ich kenne die Dame flüchtig und habe in der Folge ein bisserl Detektiv in der Angelegenheit gespielt. Das Fräulein Mafalda ist zum Glück ziemlich schwatzhaft veranlagt, so hat's einer guten Freundin allerlei erzählt, das dann auf Umwegen auch zu mir gelangte. Da hab ich folgendes erfahren: Die alte Contessa in San Quirino hatte auch jetzt wieder abgelehnt, daran zu glauben, daß ihr Neffe ein Bildfälscher sei. So haben die Schwestern beschlossen, ihr einen handgreiflichen Beweis zu liefern. Theresa erzählte zunächst allen Bekannten mit erheuchelter Begeisterung – vor der Contessa und deren näheren Freunden tut sie natürlich immer so, als sei sie die allerbeste Freundin des begabten, aber leider ein bisserl verrückten Sandro – also, sie hat überall herumerzählt, der Sandro habe ihr unter der Hand mitgeteilt, er werde der Contessa zum 90. Geburtstag einen echten Botticelli von großem Wert schenken. Aus seinen surrealistischen Schöpfungen macht sich die alte Dame nämlich – bei aller Wertschätzung des Neffen – nichts. Sandro besitzt tatsächlich ein paar echte alte Meisterwerke, darunter auch einen Botticelli. Aber natürlich hat er nie daran gedacht, den aus der Hand zu geben. Nun hat er aber einmal vor Jahren seiner Kusine Mafalda ein kleines selbstverfertigtes Bild im alten Stil geschenkt, einen Tobias ..."

„Aha!"

„Jawohl, ihr kennt ihn, den kleinen Tobias mit den roten Stiefeln, ganz und gar Botticelli nachempfunden, der ja eine ähnliche Tobiasdarstellung gemalt hat. Sandro hatte seiner Kusine das Bild durch Bekannte zukommen lassen. Es sollte eine Neckerei sein, denn die Dame spielte sich damals als Kunstkennerin auf, und er wollte sie hineinlegen, was ihm auch zunächst gelungen ist. Denn da er das Bild mit einem S signiert hatte – Botticelli hat ja auch mit Vornamen Sandro geheißen und seine Bilder manchmal mit einem solchen S gezeichnet – hat sie tatsächlich geglaubt, sie hätte ein altes Meisterwerk bekommen. Erst später hat ihr dann ein Kunsthändler, dem sie's verkaufen wollte, ein Licht aufgesteckt. Nun hat dieser Tobias dazu dienen sollen, die alte Contessa zu überzeugen. Mafalda hat nicht gewagt, das Bild direkt an Theresa zu senden, denn der Pförtner von San Quirino steht auf Sandros Seite und paßt scharf für ihn auf – der hätt' womöglich etwas merken können. So wurde vereinbart, daß Mafalda ihrer Großtante zum Geburtstag einen Besuch abstatten sollte, vorher wollte sie aber nach Ravenna fahren und von dort das Bild absenden, so, als hätt's der Sandro selber geschickt. Theresa aber hatte dafür zu sorgen, daß ein paar Tage nach dem Geburtstag ein bekannter Kunstgeschichtsprofessor, der zum Freundeskreis der Contessa gehört, in San Quirino aufkreuzte und den angeblichen Botticelli als Fälschung entlarvte. Dann würde die alte Dame ja wohl endlich von Sandros schurkischer Gesinnung überzeugt sein und sich im ersten Ärger sicher bewegen lassen, ihr Testament zugunsten ihrer guten, so aufopfernd um sie besorgten Großnichten zu ändern. So war's geplant. Ich hörte durch gute Freunde von dem Plan und beschloß, da ich sowieso wieder einmal nach Italien fahren mußte, den gleichen Zug zu nehmen wie die edle Dame und, wenn möglich, auf irgendeine Weise ihre Pläne zu durchkreuzen. Leider weiß sie aber, wie ich zu Sandro stehe und wahrscheinlich auch, daß ich ihr schon nachspioniert hatte. Als ich durch die Scheibe in den Saal der Bahnhofsgaststätte guckte, scheint sie mich erkannt und meine Absichten erraten zu haben. Jedenfalls war sie weg, als ich in den Saal kam, und nur ihr saßt noch dort. Da plagte meine schwarze Detektivseele die Neugier, was ihr zwei wohl mit der alten Intrigantin zu tun hättet. Deshalb hab' ich mich zu euch gesetzt und mit euch geplauscht!" Sepp hielt inne und sah Mark und Corinna lächelnd an.

„Das haben wir uns nachher auch so gedacht", warf Mark ein.

„Du hast dir alles gedacht, glaub' ich. Vor deinem Scharfblick und deiner Kombinationsgabe kann ich mich verkriechen. Mir scheint, ich hab' nichts als Dummheiten gemacht. Die erste war wohl, daß ich mit euch schwatzte und mein Opfer aus den Augen verlor. Nachher konnte ich sie nicht wiederfinden. Ich stellte mich an den Aufgang zum Bahnsteig, aber sie kam und kam nicht. Schließlich ging ich in die Halle. Dort erblickte ich dann noch die holde Dame mit dem grünen Hut: Sie humpelte grad zum Bahnhof hinaus und stieg in eine Straßenbahn. Da stand ich. Ich zerbrach mir den Kopf: Hatte Fräulein Mafalda tatsächlich aus lauter Angst vor mir ihre Absichten aufgegeben? Plötzlich kam mir der Gedanke, sie könnte euch das Bild am Ende mitgegeben haben. Ich rannte zum Bahnsteig und sah euch gerade hinausfahren. Da wurde mir die Sache zu dumm. Ich begrub meine Hoffnungen, verzichtete darauf, weiter hinter Mafalda Barghelli herzurennen und fuhr mit dem nächsten Zug über den Brenner. Zunächst nach Ferrara, wo ich bei einem Kunsthändler zu tun hatte. Dort lernte ich dann mein liebes Schwesterl kennen" – Sepp Kahlenberg nickte Finny zu – „das so nett war, mich das letzte Stückerl bis Ravenna im Wagen mitzunehmen. Dann sind da plötzlich an der Straße zwei Vagabunden gestanden, die mir merkwürdig bekannt vorkamen."

„Und da lebten Ihre Hoffnungen sofort wieder auf", ergänzte Mark grinsend.

„Stimmt. Ich dachte: Da die zwei noch nicht bis Ravenna gekommen sind, könnt's ja sein, daß sie das Corpus delicti noch mit sich führen. Auf Anspielungen habt ihr allerdings nicht reagiert."

„Ich hätt' schon reagiert", gestand Corinna lachend, „aber der Mark hat mir ja immerzu Fußtritte gegeben und bedeutungsvolle Blicke zugeworfen. Auf der Post haben Sie aber dann vergebens achtgegeben", setzte sie rasch hinzu, „und in der Nacht . . ." Sie brach ab und blickte ihn fragend an.

Er fuhr sich wieder durch die Haare und sah jetzt ganz beschämt aus. „Gelt, Sie haben mich erkannt? Ja, das war natürlich ganz ungehörig, das seh ich ein. Da muß ich mich noch extra entschuldigen. Aber der Gedanke an das Bild hat mir eben keine Ruhe gelassen. Ich hab' immer gedacht, ich erwisch's noch."

Corinna lachte wieder. „Nix is g'wesen, wie Finny sagen würde. Da haben wir's ja gar nicht mehr gehabt. Da hatte es der Chauffeur von San Quirino bestimmt schon längst zur Post gebracht . . ."

„Was hätten Sie denn gemacht, wenn Sie das Päckchen noch bei Corinna erwischt hätten?" fragte Mark.

„Ich hätt's ihr unter allen Umständen weggenommen", gab Sepp unumwunden zu. ‚Das ist nichts für Sie, lassen Sie die Finger davon', hätt' ich gesagt. Und dann hätt' ich's Sandro gegeben und ihm die endgültige Entscheidung überlassen, ob er's nach Innsbruck zurückschicken oder der Contessa mit einem Begleitbrief zusenden wollte."

Corinna sah Sepp nachdenklich an. „Sie hätten aber gar kein Recht gehabt, das Ding an sich zu nehmen!"

Er erwiderte lächelnd den Blick. „Weiß ich. Aber vermutlich hätt' ich's doch getan."

„Ich glaub', Sie sind in der Gesellschaft Ihres Sandro auch schon zu einer Art Renaissancemensch geworden, Herr Bruder", stellte Finny mit gespielter Strenge fest.

„Ich hätt' mir's überhaupt nicht wegnehmen lassen." Corinna warf trotzig ihren Schopf zurück.

„Wenn dir Zeit geblieben wär', es festzuhalten", ergänzte Mark. „Vermutlich hätt' er's ähnlich gemacht wie mit meiner Kamera – Überraschungsangriff!"

Sepp lachte und seufzte. „Mark, diese Untat mach ich noch irgendwie gut. Bist mir hoffentlich nicht mehr bös? Ich war da gründlich verärgert."

Corinna bog sich vor. „Ja, da waren Sie ganz und gar verändert. Warum nur?"

„Das kam daher, weil ich mit Sandro gesprochen hatte. Der hatte eben einen Brief bekommen – von seinem Bundesgenossen in San Quirino, dem Pförtner. Erinnert ihr euch an den?"

„Natürlich. Das war der mürrische Kerl, der kein Wort sagte. Hat er denn etwas über uns geschrieben?"

„Er hat ausführlich über euren Besuch berichtet. Sogar den Namen Corinna Montanus hat er gewußt. Da blieb mir kein Zweifel. Daß ihr ein Packerl gebracht habt, hat er gemeldet und hinzugefügt, ihr hättet's vermutlich geöffnet, denn die Schnur sei zusammengeknüpft gewesen."

„Das verstehe ich nicht. Woher konnte er denn wissen, daß *wir* die Schnur zerschnitten hatten?" Mark war ganz erregt. „Das Fräulein Mafalda hätte doch geradesogut eine bereits zusammengeknüpfte Schnur genommen haben können?"

„Kaum. Die Dame war wohl oft genug in Italien, um zu wissen, daß die italienische Post nur Pakete mit heiler Schnur und Plombe annimmt. Zur Sicherung des Inhalts, versteht ihr! Die Verwendung einer Plombe hätte ja keinen Sinn, wenn man die Schnur zerschneiden und nach Belieben wieder zusammenbinden könnte."

Mark nickte. „Eigentlich richtig. Deshalb hatte das Päckchen in Padua wieder eine heile Schnur! Da hat wohl Fräulein Theresa eingegriffen."

„Der Pförtner hat weiter beobachtet, daß die Hausdame euch zum Essen einlud und sich ziemlich lange – auf deutsch, das der Pförtner nicht versteht – mit euch unterhielt. Und daß ihr dann mit dem besonderen Freund der Theresa, dem Chauffeur Riccardo, und dem Wagen der Contessa nach Ravenna geschickt wurdet."

„Der uns dann freundlicherweise in Padua sitzen ließ und samt Päckchen allein weiter nach Ravenna sauste!"

„Aber ihr versteht vielleicht, daß Sandro und ich aus all dem schlossen, ihr hättet weitere Aufträge bekommen. Zumal Mark sofort losknipste, als Sandro in Person auftauchte!"

„Aber was hätte ich denn mit dem Foto anfangen können?"

„Weiß ich's? Auf alle Fälle war mir bekannt, daß in dem Verleumdungsfeldzug gegen Sandro bereits mit Pressemeldungen und bebilderten Artikeln gegen ihn gearbeitet worden war. Als Sandro so unvermutet erschien – ich hatte ihn längst in seinem Gasthaus vermutet –, da bin ich ganz durcheinandergekommen. Ich wußte nicht, sollte ich zugeben, daß ich ihn kenn' – oder nicht. Da knipste der Mark, und mein verwirrter Kopf zog den Schluß, er sei dabei, irgendwie Material gegen Sandro zu sammeln. Nachher sind mir dann Zweifel gekommen. Doch als ich erfuhr, daß ihr in die Pension Bellavista gezogen seid, war ich meiner Sache wieder ganz sicher. Sandro hat euch dort über die Mauer gucken sehen – und dann tauchtet ihr auch noch in seinem Stammlokal, dem Strandpavillon, auf. Da beschloß ich, ernsthaft mit Corinna zu reden – was man halt so ernsthaft reden heißt. In Wirklichkeit hab ich wohl Unsinn geredet."

Corinnas Augen strahlten ihn an. „Und ich erst! Ich habe eine Wut gekriegt, statt vernünftig mit Ihnen zu sprechen. Ich ..."

„Ach, jetzt wollen wir lieber die Selbstanklagen ruhen lassen und überlegen, was sich weiter tun läßt", unterbrach Finny energisch. „Das Packerl ist ja trotz allem glücklich in Ravenna abgegangen, vermutlich hat's die alte Dame längst in Händen. Wenn sie also programmgemäß das Schlimmste von Herrn Sandro denkt ..."

„Das tut sie sicher", fiel Sepp seufzend ein. „So vernünftig sie zu sein scheint, ich kann mir nicht denken, daß sie die Sache durchschaut. Von Sandros Neigung, sich gelegentlich mit nachempfundenenen Bildern Scherze zu erlauben, weiß sie wohl nichts. Und Theresa wird schon dafür gesorgt haben, daß zuerst ein großer Jubel über den herrlichen Botticelli herrschte und alle Geburtstagsgäste in Bewunderung über das Meisterwerk ausbrachen, bis dann die Erklärung des Professors wie eine Bombe einschlug. So stell' ich mir's wenigstens vor."

„Was macht man da, Kinder?" fragte Finny.

Sepp zuckte die Schultern. „Ich fürchte, da ist wenig zu tun. Ich habe Sandro geraten, ihr seinen echten Botticelli zu schicken und einen aufklärenden Brief dazu zu schreiben. Oder selber hinzufahren! Aber von beidem will er nichts wissen, der Starrkopf. Seinen Botticelli gönnt er keinem Menschen, auch der Contessa nicht. Und er rührt überhaupt keinen Finger mehr in dieser Geschichte, sagt er. Er schreibt keinen Brief, den die Theresa ja doch nur abfangen würde, und er geht nicht hin und streitet sich in San Quirino mit diesen Erbschleichern um den Mammon der armen Contessa, solange diese noch am Leben ist. Das tut ein Cavaliere nicht ..."

„Ganz richtig", sagte Sabina. „Und er ist ein Cavaliere, das habe ich gleich gemerkt! Jetzt regnet es immer noch. Hoffentlich steht er irgendwo unter. Ich bin bloß froh, daß ich hier sitze – wenn ich denke, wie mein Kleid aussehen würde, wenn *ich* in diesen Guß geraten wäre."

Aber die anderen achteten nicht auf dieses Selbstgespräch. Sie sahen mit gekrausten Stirnen überlegend vor sich hin.

„Hat er denn keinen Anwalt, an den er sich wenden könnte?" fragte Finny.

„O doch. Er hat ihn auch beauftragt, gegen die Verleumdungen vorzugehen. Deswegen sind wir ja hierhergefahren. Er hat mit seinem Anwalt gesprochen und kam jetzt eben zu mir heraus, um mir darüber zu berichten. Sehr viel Hoffnung hat ihm der Anwalt allerdings nicht machen können, Verleumdungen bleiben ja immer etwas schwer Faßbares, wenn man sie mit Gesetz und Gericht pakken will. Und die Sache mit der Contessa läßt sich dadurch überhaupt nicht bereinigen. So hartnäckig die alte Dame bisher an Sandro festgehalten hat –, ist sie einmal zu der Meinung gelangt, daß er ein Bösewicht ist, dann dürfte sie ebenso schwer wieder vom Gegenteil zu überzeugen sein.“

„Ich habe eine Idee“, sagte Corinna.

„Oje!“ echote Mark.

„Nichts ‚oje!‘ Die Sache ist ganz einfach: Wir fahren hin, du und ich, Mark, und erzählen der Contessa, was wir erlebt haben. Dann weiß sie Bescheid.“

„Wenn sie uns so ohne weiteres glaubt! Und wenn Fräulein Theresa uns nicht hochkantig zum Gartentor hinauswirft!“

„Dann halten wir uns an den Pförtner! Ich komme schon zu ihr, wenn ich wirklich will, da kannst du Gift drauf nehmen.“ Corinna war wieder einmal ganz Unternehmungsgeist. „Wir fahren per Anhalter los – gleich morgen – und wenn wir nach San Quirino kommen ... Vielleicht könnte uns Herr Sandro wenigstens einen Brief an den Pförtner mitgeben?“

Sepp sah sie nachdenklich an. „Die Sache wäre zu überlegen.“

„Vielleicht ...“, Corinna zögerte und blickte zur Seite. „Vielleicht – könnten Sie mitkommen?“

„Und vielleicht könntet ihr auch einen Chauffeur brauchen mit einem kleinen, aber feinen Wagen, der euch hinfährt, damit ihr nicht an der Landstraße stehen müßt?“ fragte Finny.

„Und wenn ihr vielleicht glaubt“, Sabina verzog schmollend den Mund „ich bleibe solange in Marina bei den langweiligen ...“ Sie kam nicht weiter.

In diesem Augenblick trat Sandro Barghelli ein. Er triefte vom Kopf bis zu den Füßen. Das Haar hing ihm patschnaß in die Stirn, doch darunter blickten seine Augen lachend in die Runde.

„Bagnato, bagnato!“ rief er und schüttelte sich. „Haben gebadet! Aber nichts machen. Warum noch nicht essen? Mangiare, presto! Cameriere!“ Er winkte dem Kellner. „La lista, subito! Warum noch nicht essen ihr? Immer sprechen? Jetzt nicht mehr sprechen. Essen! Capito?“

Und ohne weiteres warf er sich in einen Stuhl, riß dem herbeistürzenden Kellner die Karte aus der Hand und begann, die Speisenfolge zusammenzustellen.

*

Corinna und Mark saßen hoch oben auf dem Uhrenturm über dem Markusplatz in Venedig, zu Füßen der beiden „wilden Männer" aus Bronze, die dort jede Stunde mit metallenen Hämmern gegen eine große Glocke zu schlagen pflegen. Tief unter ihnen wimmelte es von spielzeugkleinen Menschen, die Tauben fütterten, fotografierten oder an Tischen saßen, Espresso tranken und den Musikkapellen zuhörten, deren Klänge aber nur undeutlich und verweht bis hier heraufdrangen.

Blickten sie zwischen den Beinen der Bronzefiguren hindurch geradeaus, so konnten sie, an den grünlichen Kuppeln des Markusdomes und dem Dach des Dogenpalastes vorbei, aufs Hafenbecken und über die vorgelagerten Inseln hinweg auf das tiefblaue Meer hinaussehen. Das alles lag in einer zauberhaft goldenen Sonnenbeleuchtung vor den Geschwistern wie ein buntes Märchenbild.

Aber Corinna blickte weder auf den Platz noch auf den Hafen hinab. Sie senkte die Nasenspite über eine engbeschriebene Postkarte. „Daß sie sich Sorgen um uns machen, hätten sie wirklich nicht zu schreiben brauchen", murmelte sie vor sich hin.

„Na, sie werden ja jetzt merken, daß es unnötig war", sagte Mark. „Wenn sie uns gesund und unbeschädigt am Kai stehen sehen ..." Er warf einen Blick auf seine Uhr. „In einer halbe Stunde etwa könnte das Schiff am Horizont auftauchen."

„Wir bleiben jedenfalls noch so lange hier, bis die Bronzemänner schlagen. Das will ich aus der Nähe erleben."

„Ich bin gespannt, wie die Eltern aussehen. Ob sie so braun sind wie wir?"

„Ich bin auch gespannt. Ich habe richtig Herzklopfen. Freuen tu ich mich ja toll, aber ... Hoffentlich sind sie nicht zu entsetzt über alles, was wir angestellt haben!"

„Sollen wir ihnen alles erzählen, ganz genau?"

„Klar. Alles bis aufs Tüpfelchen. Auch wenn sie schelten sollten. Ich freu' mich trotzdem schrecklich aufs Berichten. Soviel habe ich doch in meinem ganzen Leben noch nicht zu erzählen gehabt."

„Es ist nur ein Glück, daß Altweilers mit uns ans Schiff kommen. Dann sehen die Eltern gleich, daß sie noch nicht bleich und abgemagert sind, obwohl wir sie so schrecklich ausgenützt haben."

„Und Finny auch!"

„Die Eltern werden sich wundern, was für einen Schwanz von neuen Bekannten wir zu ihrem Empfang herbeischleppen."

„Schwanz? Doch bloß Sepp und Finny. Die Eltern werden sich sicher riesig freuen, die beiden kennenzulernen. Wir werden ihnen sagen, wie sie für uns gesorgt, uns beschirmt, ermahnt und erzogen haben – sozusagen als ihre Stellvertreter. Und nachher singen wir ihnen gemeinsam vor – dreistimmig. Daß Sandro Barghelli nicht mit nach Venedig wollte, ist ja vielleicht ganz gut."

„Die Eltern hätten ihn vermutlich recht interessant gefunden. Mutter aus psychologischen und Vater aus kulturhistorischen Gründen."

„Wie Sabina aus Gründen höchstpersönlicher Eitelkeit?" Corinna lachte ein wenig. „Sabinas Begeisterung für ihn war ein bißchen albern, nicht? Sie kam bloß daher, weil er sie ‚eine liebenswürdige kleine Dame' genannt hatte. So etwas zieht bei Sabina."

„Die Begeisterung ist übrigens wieder stark abgeflaut. Vermutlich, weil er nicht sie gemalt hat, sondern dich."

„Das Bild ist doch phantastisch! All die Totenköpfe und die Angst in meinem Gesicht!"

„Da ist das Bild!" Mark zog einen Stoß Farbfotos hervor und suchte eines davon heraus.

„Ein bißchen grauslich, wie alle seine Sachen. Da hat Finny schon recht."

„Aber die Aufnahme ist dir glänzend gelungen. Sie sieht wirklich aus wie von einem Berufsfotografen. Überhaupt alle deine Schnappschüsse. Laß sie doch nochmal sehen!"

Mit gebührendem Stolz reichte Mark der Schwester einen der farbigen Abzüge nach dem anderen. Sie breitete sie auf ihrem Schoß aus. „War doch prima von Sepp, daß er dir noch einen zweiten Film spendiert hat."

Mark grinste. „Ich hätt ihn nicht genommen. Aber da er's als Buße für die zerstörte Aufnahme bezeichnete ..."

Corinna beugte sich über die Bilder. „Jetzt ordnen wir sie mal der Reihe nach."

„Nummer eins: Corinna mit ihrem Geistesverwandten in Verona!"

„Selber geistesverwandt!" Corinna betrachtete lachend ihr eigenes Abbild, das, von strahlendem Morgenlicht umflimmert, den kleinen Esel vor dem Karren streichelte.

Dann folgten zwei Aufnahmen der Scaligerburg und der Backsteinbrücke in Verona. Dann war wieder Corinna zu sehen – im roten Badeanzug vor der Bläue des Gardasees.

Bild folgte auf Bild, Erinnerung auf Erinnerung. Die ganze Reise zog wieder an ihnen vorüber: Der rote Wagen, das Grabmal der Galla Placidia in Ravenna, Finny kopfstehend am Strand von Rimini, Familie Altweiler mit lachenden Gesichtern. Da war Sabina in ihrem rosa Kleid, auf dem Rücken eines steinernen Löwen thronend, und da ein wohlgelungenes Bild von Sepp Kahlenberg, wie er über eine halberhobene, winzige Espressotasse blinzelte.

„Wir haben tatsächlich eine ganze Menge erlebt", bemerkte Mark nachdenklich.

„Habe ich dir ja schon vorhergesagt. Wenn du mit mir nach Italien fährst, erlebst du tolle Dinge."

Corinna hielt jetzt die neuesten Aufnahmen in der Hand. Sie waren alle im Park von San Quirino aufgenommen. Da lächelte das kleine freundliche Gesicht der alten Contessa Grazzona den Beschauer fast schalkhaft an. Im Hintergrund war noch ein Schimmer rostroten Haares zusehen, das der Hausdame Theresa Barghelli gehörte.

„Weißt du", Corinna sah zu Mark auf, „ich bin eigentlich froh, daß zuletzt noch alles so friedlich und gut abgelaufen ist und daß man unser Zeugnis am Ende gar nicht brauchte. Daß Sepp dabei war, hat sich als ein Segen erwiesen. Und auch, daß Herr Barghelli doch noch nachkam und den echten Botticelli brachte ... Dir kann ich's ja sagen, Markus, jetzt, wo wir endlich wieder allein sind – ich habe mich gar nicht wohl in meiner Haut gefühlt, als wir nach San Quirino zogen, um der Contessa ein Licht aufzustecken."

„Deine eigene Idee! Zuerst warst du doch Feuer und Flamme dafür."

„Zuerst ja. Aber nachher war's dann eben wieder anders. Ich habe gemerkt, daß das nicht mein Fall ist: Leute anklagen und überführen und so! Ich kam mir beinahe gemein vor, obwohl ich natürlich auch wieder sehr gern etwas für Sandro Barghelli und Sepp tun wollte. Ich war richtig hin- und hergerissen."

„Ja, das habe ich gemerkt. Mir ging's übrigens ähnlich. Schließlich – wenn man die Sache objektiv betrachtet – ist Herr Barghelli ja auch kein Engel. Im Grunde war der Scherz, den er sich früher mal mit der Mafalda und dem Tobiasbild erlaubt hat, gar nicht so sehr verschieden von dem, was die Schwestern Barghelli später gespielt haben. Sie haben ihm sozusagen mit gleicher Münze heimgezahlt."

„Nicht ganz. Bei ihm war's wirklich nur als Spaß gedacht. Sie aber wollten die Contessa 'reinlegen und das Erbe für sich erschleichen. Das war schon anders."

„Auf alle Fälle ist's ein großes Glück, daß die Contessa die ganze Sache als Scherz aufgefaßt hat!"

„Ja. Ich fand die alte Dame wunderbar. Wie sie so schelmisch lachen konnte – hier auf dem Bild sieht man's übrigens gut– und wie sie das so sagte in ihrem drolligen, gebrochenen Deutsch: ‚Aber das ich habe gleich gewußt, daß Sandro nur macht ein Scherz mit mich', und wie sie dann den Finger hob: ‚Er war schon immer eine Schelm!'"

„Ja, aber das beste war doch, als sie sagte: ‚Ich habe nie geglaubt, das seien ein echte Botticelli. Wer will senden eine so kostbare Kunstwerk einfach mit Post?' Die alte Dame ist tatsächlich gescheiter gewesen als die beiden raffinierten Schwestern und wir alle zusammen."

„Ich glaube auch, daß sie durchschaut hat, wie die Sache zusammenhängt; auch ohne daß man's ihr unter die Nase zu reiben brauchte. Sie kennt ihre Nichte Theresa ziemlich gut, wie mir scheint."

„Es war ja deutlich zu merken, daß die Theresa immer kleiner und häßlicher wurde und innerlich vor Angst zitterte."

„Sie tat mir fast leid. Schließlich war sie zu uns ja sehr nett gewesen. Sie hat uns bewirtet und uns das Auto zur Verfügung gestellt – damals, als wir das Päckchen brachten."

„Ich nehme allerdings an, daß sie das nicht ohne Hintergedanken tat. Vielleicht hat sie zunächst wirklich vorgehabt, uns weitere Aufträge, Sandro Barghelli betreffend, zu erteilen. Sie hat dann aber im Laufe des Gesprächs gemerkt, wie unbrauchbar du für dergleichen bist ..."

„Ach, das glaube ich nicht. Sie ist sicher gar nicht so schlimm, wie Sandro Barghelli meint. Der hat ja doch ein bißchen den Verfolgungswahn, scheint mir. Und jetzt, nachdem Sepp mit ihr gesprochen hat ..."

„Entwickelt sie sich zu einem Wesen von himmlischer Güte, meinst du?"

„Das wohl nicht gerade. Aber insichgehen wird sie schon. Sepp hat ihr gewaltig ins Gewissen geredet. Das trau ich ihm zu."

„Soviel ich weiß, hat er sie mächtig eingeschüchtert. Er hat ihr auch gesagt, daß wir beide als Zeugen bereitstehen und ihre Schliche aufdecken können, wenn's nötig sein sollte. Daß sie sich jetzt etwas zurückhält, glaub' ich bestimmt."

„Du, das Komischste von allem war aber doch, wie die Mafalda noch so unerwartet auftauchte, und das Gesicht, das sie machte, als sie uns neben der Contessa sitzen sah!"

„Ihre lange Nasenspitze wurde sozusagen quittegelb."

„Mit ihr hatte ich übrigens kein Mitleid – komischerweise." Corinna lachte und nahm eines der letzten Bilder auf. „Daß du sie samt grünem Hut noch aufs Negativ gekriegt hast, war eine Tat, Markus. Nun haben wir die ganze Typensammlung unserer Reisebekanntschaften beieinander, und wenn wir mal alt sind, können wir sie immer wieder betrachten und uns an alles erinnern." Sie ergriff das letzte Bild. Es stellte Sandro Barghelli dar. „Der ist vermutlich der interessanteste Typ der Sammlung. Unser Renaissancemensch! Schade eigentlich, daß man ihn wohl nicht mehr wiedersehen wird."

„Du kannst ihn ja heiraten", schlug Mark grinsend vor. „Da hättest du wenigstens einen Mann, der dir an Verrücktheit nicht nachsteht."

„Nein, danke." Corinna legte das Foto weg und suchte in dem

Stoß der Bilder nach einem anderen. „Renaissancemenschen sind nicht geeignet zum Heiraten, glaube ich." Sie hatte das Bild, das sie suchte, gefunden. Nur einen raschen Blick warf sie darauf; dann schob sie es schnell wieder unter die anderen.

Aber Mark hatte den Blick gesehen. Er stand auf. Mit ernstem Gesicht starrte er abgewandt in die Tiefe. Dann drehte er den Kopf. „Du, Corinna, ich möchte dich etwas fragen", stieß er entschlossen hervor.

„Ja?" Sie sah zu ihm auf.

„Hast du – hast du dich nun eigentlich verliebt oder nicht?"

Corinna senkte den Kopf und spielte mit den Bildern. „Ich – das weiß ich wirklich nicht so genau."

Mark wandte sich voll um. Er atmete ein wenig auf. „Na, wenn du es selbst nicht weißt, dann kann es nicht so schlimm sein."

Corinna lächelte zu ihm auf. „Schlimm ist es auf keinen Fall, Markus."

Eine kurze Zeitlang sah er schweigend auf den Platz hinunter. „Da ist Sabina", sagte er dann plötzlich.

„Wo?" Auch Corinna erhob sich.

„Jetzt steht sie gerade bei dem Mann, der Futter verkauft."

„Richtig." Da leuchtete Sabinas rosa Rock zwischen dem Gewirbel der Tauben von San Marco.

Mark und Corinna sahen, die Köpfe dicht nebeneinander, beobachtend auf sie hinunter.

„Weißt du, Mark", begann Corinna dann mit einem tiefen Atemzug, „ich habe ja manchmal über Sabina geschimpft – und ich habe auch oft Grund dazu gehabt –, aber eigentlich muß ich doch sagen, wie sie mich am Theoderich-Grabmal verteidigt hat, das war schon ganz groß. Da habe ich ihr im stillen manches abgebeten."

„Mitsamt ihrem allerschönsten Rock ist sie über das Tor geklettert. Das muß man ihr besonders hoch anrechnen."

„Nicht wahr? Sabina ist – na ja, im Grund kann man sie lassen, wie sie ist. Weißt du, als sie da vor dem Grabmal auftauchte, da habe ich ganz plötzlich gespürt, wie sehr wir doch eigentlich alle zusammengehören – unsere ganze Familie – auch Sabina und ich."

Corinna richtete sich auf. Sie sprach jetzt leise und ohne Mark anzusehen.

„Und darum möcht ich dir etwas sagen: Es ist nicht nötig, daß du Angst hast, es könnt einmal irgendwie anders zwischen uns werden, Mark. Das kann es gar nicht. Auch wenn ich jemals einen anderen Menschen sehr gern haben sollte. Was uns verbindet, Vater und Mutter und dich und mich und auch Sabina – das wird immer bleiben, weil – wie soll man das nur erklären? Vielleicht könnte man sagen: Der Geist unserer Familie verbindet uns. Daß wir alle so sein dürfen, wie wir sind, auch Sabina – jeder ein Original für sich. Ach, Mark!"

Corinna seufzte ungeduldig auf.

„Ich kann's gar nicht in Worten aus mir herauswürgen. Vielleicht kann ich's besser mit der Flöte ausdrücken ..." Sie zog den Flötenkasten hervor.

Mark öffnete schon den Mund, um: „Doch nicht hier!" zu sagen. Aber dann schloß er ihn wieder und schwieg. Warum eigentlich nicht hier? dachte er.

Doch in dem Augenblick, da Corinna die Flöte an den Mund setzte, hob einer der Bronzemänner über ihnen mit mechanischem Ruck seinen Hammer und ließ ihn laut hallend gegen die große Glocke fallen.

Sofort senkte Corinna die Flöte. „Oh, sie schlagen!" rief sie begeistert.

Einer um den anderen bearbeiteten die beiden Riesen die Glocke mit klingenden Schlägen. „Neun, zehn, elf" zählte Mark mit.

In den letzten Schlag hinein schrie Corinna: „Das Schiff! Da kommt es!"

„Ich sehe nichts!" Auf das Meer hinausspähend, schüttelte Mark den Kopf.

„Da hinten ist aber so etwas wie Rauch!"

„Der steigt aus irgend einem Schornstein auf den Inseln auf. Von einem Schiff sehe ich nichts. Es ist auch noch zu früh, Corinna."

„Magst recht haben, Markus Aurelius – wie immer!"

„Aber da unten sehe ich etwas, was du nicht siehst."

„Was denn?" Corinna bog sich neugierig vor.

„Kennst du den Herrn in der weißen Jacke, der jetzt mitsamt der kleinen Dame in Hellblau zu unserer rosafarbenen Schwester hinstrebt?"

„Oh, da sind sie ja alle!" Corinna legte die Hände an den Mund. „Finny! Sepp! Hallo!" rief sie mit voller Lungenkraft.

Mark sah sich um. Im Hintergrund der Turmterrasse hielten sich noch ein paar weitere Neugierige auf, die dem Spiel der mechanischen Figuren zugesehen hatten.

„Sei doch still! Das hören sie ja nicht!", mahnte Mark.

„Nein, sie gucken überhaupt nicht herauf." Corinna verstaute hastig ihre Siebensachen in Konstantins Innerem. „Wir müssen hinunter, Mark!"

„Zeit genug."

„Egal. Ich muß hinunter!"

Ein wenig seufzend folgte Mark seiner Schwester, die schon voranstürmte. Auf der ersten Treppenstufe aber drehte sie sich nochmals zu ihm um. Ihr Gesicht mit den strahlenden dunklen Augen war dem seinen ganz nahe.

„Weißt du, Mark", flüsterte sie rasch, „ich mag ihn halt doch schrecklich gern leiden. Eigentlich weiß ich das sogar ganz genau."

„Soeben hast du noch gesagt ..."

„Ach, Markus Aurelius, wenn du nur endlich einmal aufhören könntest, dich um mein dummes Geschwätz von soeben zu kümmern!"

Und Corinna lachte und lief in großen Sprüngen die Treppe hinab, so daß der Beutel Konstantin nur so hinter ihr drein tanzte und Mark ihr kaum folgen konnte.

Ende